CB070940

SÉRIE GESTÃO PÚBLICA

inter
saberes

gestão pública de serviços sociais • *Samira Kauchakje*

Rua Clara Vendramin, 58 • Mossunguê
CEP 81200-170 • Curitiba • PR • Brasil
Fone: (41) 2106-4170
www.intersaberes.com
editora@intersaberes.com

intersaberes

conselho editorial •	Dr. Alexandre Coutinho Pagliarini
	Drª Elena Godoy
	Dr. Neri dos Santos
	Dr. Ulf Gregor Baranow
editora-chefe •	Lindsay Azambuja
gerente editorial •	Ariadne Nunes Wenger
assistente editorial •	Daniela Viroli Pereira Pinto
preparação de originais •	Tiago Krelling Marinaska
capa •	Denis Kaio Tanaami
fotografias/projeto gráfico •	Raphael Bernadelli
iconografia •	Danielle Scholtz

Dados Internacionais de Catalogação na Publicação (CIP)
(Câmara Brasileira do Livro, SP, Brasil)

✦ ✦ ✦

Kauchakje, Samira
    Gestão pública de serviços sociais / Samira Kauchakje. – Curitiba: InterSaberes, 2012. – (Série Gestão Pública).

    Bibliografia.
    ISBN 978-85-65704-34-2

    1. Brasil – Política social – Avaliação 2. Pesquisa de avaliação (Programas de ação social) 3. Pesquisa social – Metodologia 4. Planejamento social – Brasil 5. Serviço social – Administração – Brasil I. Título. II. Série.

12-06277   CDD-361.250981

1ª edição, 2012.

Foi feito o depósito legal.

Informamos que é de inteira responsabilidade da autora a emissão de conceitos.

Nenhuma parte desta publicação poderá ser reproduzida por qualquer meio ou forma sem a prévia autorização da Editora InterSaberes.

A violação dos direitos autorais é crime estabelecido na Lei nº 9.610/1998 e punido pelo art. 184 do Código Penal.

✦ ✦ ✦

Índices para catálogo sistemático:
1. Brasil: Serviços sociais: Gestão pública   361.250981

✦ ✦ ✦

Sumário

Apresentação, 8

Como aproveitar ao máximo este livro, 14

    capítulo um   Gestão social, 18

    capítulo dois   Condições sociais e população atendida pelos serviços sociais, 30

    capítulo três   Serviços sociais e cidadania, 44

    capítulo quatro   Trajetória histórica da proteção social, 62

    capítulo cinco   Políticas públicas, 74

    capítulo seis   Participação social, 88

    capítulo sete   Modalidades de gestão social, 106

    capítulo oito   Planejamento social, 118

    capítulo nove   Responsabilidade ou compromisso social: organizações do Terceiro Setor, 140

Para concluir..., 152

Referências, 156

Respostas, 161

Sobre a autora, 166

Apresentação

Este livro expressa a compreensão da gestão pública de serviços sociais como parte do processo de planejamento e implementação da política social (em seus setores como assistência social, saúde, habitação, educação, segurança alimentar e nutricional e previdência social) e de seus desdobramentos em programas, projetos e nos próprios serviços e equipamentos de atendimento social. Nesse sentido, a gestão pública deve ser entendida como parte do processo de garantia e consolidação de direitos da população.

Refletir sobre tais aspectos possibilita que os gestores, pesquisadores, profissionais e cidadãos observem a relação indissociável entre: a) direitos b) legislação social; c) políticas públicas; d) programas; e) serviços sociais.

Estudar, discutir e gerir serviços sociais no Brasil é se aproximar da realidade social em que parte considerável da população vivencia processos caracterizados como de injustiça social fundamentada na desigualdade econômica e nas clivagens de classe, bem como no preconceito e na discriminação relacionados a gênero/sexo, idade, etnia, deficiência, por exemplo. Serviços sociais públicos de qualidade, em número e recursos suficientes, eficientes e com universalidade de acesso incidem sobre esses processos e podem diminuir seus impactos cotidianos e geracionais. Da mesma forma, serviços sociais públicos com orientação opostas a isso podem contribuir para a reafirmação ou o agravamento da injustiça social.

Com este livro, a expectativa é auxiliar a formação de profissionais, pesquisadores e cidadãos politicamente solidários e atentos às condições e aos modos de vida das pessoas e dos grupos sociais que procuram o atendimento de suas necessidades e demandas por meio dos serviços sociais. Observando que solidariedade política tem muito pouco em comum com caridade, benesse, filantropia ou ajuda. No âmbito da gestão e prestação de serviços sociais, a solidariedade política se dá quando os envolvidos reconhecem que as atividades desenvolvidas são parte dos direitos demandados e garantidos na legislação e das políticas executadas em programas e equipamentos públicos.

Este livro procura aliar as dimensões teórica e prática, que, em última instância, são indissociáveis. Por isso, é interessante que você procure conhecer em seu município, estado e no país, algum programa ou serviço social em desenvolvimento num órgão público ou numa organização não governamental (ONG). Assim, você poderá acompanhar melhor a apresentação do conteúdo deste livro, que foi organizado nos seguintes capítulos e temáticas:

- Gestão social – Trata da definição e do objetivo da gestão social, bem como dos destinatários e da relação da gestão social com os direitos e políticas sociais.
- Condições sociais e população atendida pelos serviços sociais – Discute aspectos sobre a população atendida pelos serviços sociais, na perspectiva de situações de vulnerabilidade e risco social e da questão social.
- Serviços sociais e cidadania – Apresenta o conjunto das ações sociais públicas e a relação entre legislação, políticas públicas, programas, projetos e serviços sociais. Este capítulo traz também elementos para refletir sobre a importância de informações e indicadores para a formulação e implementação de ações sociais.
- Trajetória histórica da proteção social – Aborda aspectos históricos da proteção social e indica a diferença, ao longo do tempo, entre solidariedade política e solidariedade filantrópica.
- Políticas públicas – Alinha uma definição de políticas públicas com a setorialização e o ciclo destas, bem como com sua relação com a legislação social.
- Participação social – Discute o significado e as formas de participação social, especialmente no Brasil.
- Modalidades de gestão social – Desenvolve uma reflexão sobre características e modos de gestão e de redes sociais que são de interesse para o campo da gestão social.
- Planejamento social – Trata das dimensões técnica e política do planejamento social e sugere um roteiro com itens explicativos sobre a elaboração do projeto social. Este capítulo também demonstra uma forma de compreender os projetos sociais com base em tipos e características elaboradas.
- Responsabilidade ou compromisso social: organizações do Terceiro Setor – Esclarece sobre a definição e os aspectos legais referentes às organizações não governamentais, bem como

sobre a diferença de sentido atribuído à responsabilidade e ao compromisso no âmbito de políticas e serviços sociais.

A finalidade de cada capítulo é estimular a busca de respostas para questões centrais com que os estudantes e profissionais da área de gestão pública de serviços sociais, bem como as pessoas atendidas por tais serviços, se deparam no cotidiano dos órgãos públicos e das instituições sociais. Entre essas questões, ressaltamos as que se configuram como fio condutor do próprio livro: O que é gestão pública de serviços sociais? Qual a sua articulação com políticas públicas e com os direitos sociais?

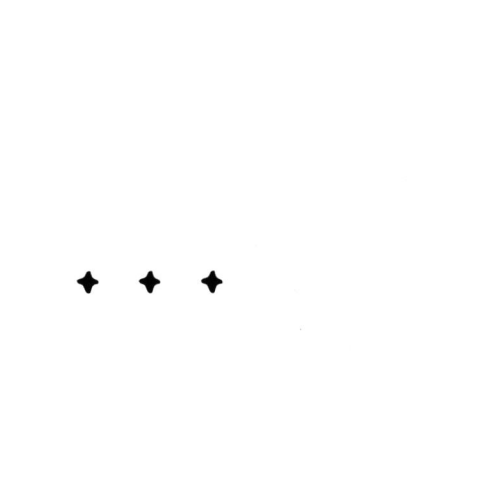

✦ ✦ ✦

Como aproveitar ao máximo este livro

Conteúdos do capítulo

Logo na abertura do capítulo, você fica conhecendo os conteúdos que serão nele abordados.

Após o estudo deste capítulo, você será capaz de:

Você também é informado a respeito das competências que irá desenvolver e dos conhecimentos que irá adquirir com o estudo do capítulo.

Conteúdos do capítulo:
- Conjunto das ações sociais públicas;
- Relação entre legislação, políticas públicas, programas, projetos e serviços sociais;
- Informações, indicadores e ações sociais.

Após o estudo deste capítulo, você será capaz de:
- compreender a articulação existente entre a legislação social, as políticas públicas, os programas, os projetos e os serviços sociais;
- compreender a importância de indicadores sociais no âmbito das ações sociais.

Este livro traz alguns recursos que visam enriquecer o seu aprendizado, facilitar a compreensão dos conteúdos e tornar a leitura mais dinâmica. São ferramentas projetadas de acordo com a natureza dos temas que vamos examinar. Veja a seguir como esses recursos se encontram distribuídos no projeto gráfico da obra.

Para que se instale um estado de justiça, é necessário que haja democratização dessas riquezas.

Um dos mecanismos para a democratização tanto da riqueza produzida socialmente como dos bens e dos recursos naturais e culturais são as políticas e os serviços sociais.

Portanto, para que você compreenda as situações de vulnerabilidade e risco social, é preciso levar em conta a questão social, ou seja, a contradição entre garantia de direitos no âmbito da legislação *versus* efetividade nas relações sociais; crescimento econômico *versus* aumento ou manutenção da pobreza.

Para saber mais

Para aprofundar a discussão sobre questão social, é interessante que você leia o seguinte texto:

IAMAMOTO, M. V. A questão social no capitalismo. *Temporalis*, Brasília, ano 2, n. 3, p. 9-32, jan./jul. 2001.

Recomendamos também o seguinte artigo:

YAZBEK, M. C. Pobreza e exclusão social: expressões da questão social no Brasil. *Temporalis*, Brasília, ano 2, n. 3, p. 33-40, jan./jul. 2001.

Para saber mais

Você pode consultar as obras indicadas nesta seção para aprofundar sua aprendizagem.

Urbanização excludente

Estreitamente ligado à questão social, o processo de urbanização brasileira, com altos índices de exclusão e segregação urbanas, é a causa mais comum das situações de vulnerabilidade e risco nas cidades.

Devido aos dois problemas urbanísticos anteriormente apresentados, vivemos como se cada cidade tivesse cercas e fronteiras imaginárias em seu interior, definindo o lugar de cada morador: os limites

Síntese

Você dispõe, ao final do capítulo, de uma síntese que traz os principais conceitos nele abordados.

Síntese

Neste capítulo, demonstramos que os principais elementos definidores da gestão social são os objetivos, os meios e o público a quem se destinam as ações sociais públicas. Há uma íntima articulação entre as ações que visam assegurar direitos sociais, tais como políticas públicas, programas, projetos e serviços sociais destinados à população como um todo (universalidade) e a grupos sociais específicos (priorização social). Você também pôde observar neste capítulo que os direitos possuem algumas dimensões, tais como a cultural, a civil, a política, entre as quais se destacam os direitos sociais para o campo da gestão social, que, por sua vez, conta com políticas públicas, programas, projetos e serviços sociais para realizar suas iniciativas.

Questões para revisão

Com estas atividades, você tem a possibilidade de rever os principais conceitos analisados. Ao final do livro, a autora disponibiliza as respostas às questões, a fim de que você possa verificar como está sua aprendizagem.

Questões para revisão

1. Quando tratamos da gestão social, quais são os canais, ou seja, os meios de dar resposta às demandas e necessidades da população?

2. Por que a gestão social está relacionada aos direitos sociais?

3. Assinale a alternativa que completa de maneira correta a afirmação a seguir.

   A gestão pública de serviços sociais é parte de uma área mais abrangente denominada:
   a) planejamento de ações governamentais.
   b) planificação de atividades do Estado.
   c) gestão econômica.
   d) gestão ambiental.
   e) gestão social.

---

5. Organizações não governamentais (ONGs) são compreendidas como:
   a) fundações e associações sem fins lucrativos, de direito público, que realizam ações de interesse público.
   b) fundações e associações sem fins lucrativos, de direito privado, que realizam ações de interesse privado.
   c) fundações e associações com fins lucrativos, de direito privado, que realizam ações de interesse público.
   d) fundações e associações com fins lucrativos, de direito público, que realizam ações de interesse privado.
   e) fundações e associações sem fins lucrativos, de direito privado, que realizam ações de interesse público.

Questões para reflexão

Nesta seção, a proposta é levá-lo a refletir criticamente sobre alguns assuntos e a trocar ideias e experiências com seus pares.

Questões para reflexão

1. A gestão pública e democrática seria o único modo de gestão social? Existem outras modalidades de gestão social? Quais seriam?

2. Reflita sobre a realidade social brasileira. Qual modo de gestão social você considera mais adequado atualmente? Justifique sua resposta.

capítulo um

Gestão social

Conteúdos do capítulo:

- Definição e objetivo da gestão social;
- Destinatários da gestão social;
- Relação da gestão social com os direitos sociais;
- Relação da gestão social com as políticas sociais.

Após o estudo deste capítulo, você será capaz de:

- discorrer sobre a relação entre gestão social e direitos sociais;
- identificar o público-alvo ao qual se destinam as ações relacionadas à gestão social, bem como os objetivos e meios de atuação destas;
- compreender a relação entre políticas públicas, programas, projetos e serviços sociais.

A gestão de serviços sociais faz parte de uma área mais abrangente – a gestão social. Esta, por sua vez, é responsável por gerir ações sociais públicas para o atendimento de necessidades e demandas dos cidadãos, no sentido de garantir seus direitos por meio de políticas, programas, projetos e serviços sociais.

Esta é uma definição sumária de um tema complexo. Portanto, iremos detalhá-lo de forma mais aprofundada nas seções apresentadas a seguir.

1.1 Gestão social: conceituação e elementos constituintes

A gestão social trata da gestão de ações sociais públicas, que podem ser realizadas tanto por órgãos do governo dos municípios, dos estados ou da União quanto por organizações da sociedade civil (Fernandes, 1994). Portanto, a execução dessas ações não é uma exclusividade do Estado.

Raichelis e Rico (1999, p. 15) afirmam que,

> embora heterogênea, a sociedade civil é protagonista central do desenho do futuro que se pretende alcançar na gestão da coisa pública, sendo importante [...] a diferenciação a ser feita entre o público e o estatal, para incorporar um conjunto cada vez mais amplo de organizações privadas que atuam no âmbito do interesse público.

Portanto, TUDO O QUE É ESTATAL É PÚBLICO. Porém, NEM TUDO QUE É DE INTERESSE PÚBLICO ESTÁ CIRCUNSCRITO AO ESTADO. Para Simões (2007, p. 404),

> na concepção do Estado Democrático de Direito, instituído pelo art. 1º da Constituição de 1988 [...], o interesse público não se restringe ao mínimo estatal, sendo reconhecido também em inúmeras atividades [...]. A democracia

exige o reconhecimento público de um amplo setor de atividades privadas, porém consideradas de interesse social. Além disso, implica a ampla participação das classes e dos grupos sociais, socialmente organizados, nas decisões políticas. [...] o Estado assume inúmeras atividades, consideradas de interesse social e, por outro lado, a sociedade civil participa ativamente das atividades estatais, tanto no legislativo, quanto no executivo.

A gestão social visa atender a NECESSIDADES e DEMANDAS SOCIAIS. Observe a seguir a diferença conceitual entre esses termos:

- **Necessidades** são próprias da condição humana, ou seja, os seres humanos necessitam de alimento, abrigo, reprodução e saúde, além de liberdade e autonomia, cujo significado "não é só ser livre para agir como bem se entender, mas, acima de tudo, é ser capaz de eleger objetivos e crenças, valorá-los e sentir-se responsável por suas decisões e atos" (Pereira, 2000, p. 273).
- **Demandas** são formas de manifestações de necessidades e carências que são produtos das relações sociais. Por exemplo: todas as pessoas têm necessidade, regularmente, de alimento de qualidade. No entanto, existem pessoas que não contam com alimento algum, consequência das estruturas econômicas dos países e de suas políticas nacionais e internacionais que causam graves desigualdades no tocante à distribuição da riqueza produzida socialmente, bem como ao acesso a esta e aos recursos sociais, culturais e naturais.

Agora, você já sabe quais são os objetivos sobre os quais a gestão social se debruça. A questão da alimentação é apenas um exemplo dentro de um espectro de ação muito mais amplo. E, como qualquer tipo de ação, a gestão social conta com um PÚBLICO-ALVO, que consiste basicamente nas pessoas, nas famílias, nos grupos sociais e nas populações considerados sujeitos de direitos, que devem ser garantidos por organizações locais, regionais e internacionais. Essa iniciativa conta também com uma FINALIDADE, um fio condutor de suas atividades, que você poderá ver com maiores detalhes na seção a seguir.

Finalidade da gestão social

A gestão de ações sociais públicas tem o sentido de CONTRIBUIR PARA CONSOLIDAR DIREITOS. Uma cronologia bastante utilizada e discutida, aproximadamente desde a publicação da obra intitulada *Cidadania, classe social e status*, de Thomas Humphrey Marshall (1967), situa as dimensões dos direitos ao longo da história das sociedades protagonistas e herdeiras das revoluções política e econômica manifestadas no século XVIII, cujos antecedentes remontam a tempos anteriores ao século XVI. Essas sociedades, num movimento contraditório, consolidaram o capitalismo e possibilitaram a estruturação do Estado de Direito.

As dimensões dos direitos são: civis, políticas, sociais e contemporâneas. Veja uma sumária explicação a respeito destas:

- **Direitos civis**: Têm como marco o século XVIII e são os chamados *direitos individuais*, que dizem respeito à liberdade pessoal, de pensamento, de religião e econômica.
- **Direitos políticos**: Consagrados no século XIX, referem-se à liberdade de associação a partidos e aos direitos eleitorais.
- **Direitos sociais**: Em grande parte, um legado da primeira metade do século XX. Estão voltados à coletividade e são basicamente os direitos à educação, à saúde, à habitação, ao trabalho e à segurança alimentar.
- **Direitos contemporâneos, ou de terceira e quarta gerações**: Desde meados do século XX, fazem parte das demandas dos denominados *novos movimentos sociais*, que lutam por questões referentes ao gênero, à faixa etária, às etnias, ao meio ambiente, à diversidade e às diferenças culturais e identitárias, bem como à participação e ao usufruto por parte de todos os estratos sociais do desenvolvimento socioeconômico, entre outras.

Observe no Quadro 1.1 que os primeiros direitos se referem à noção de IGUALDADE, enquanto o último tipo conjuga o direito à igualdade e à DIFERENÇA (Kauchakje, 2000, 2001).

Quadro 1.1 – Direitos: marcos históricos e dimensões

Dimensões dos direitos	Marco de conquistas	Exemplos de direitos
Direitos civis	Século XVIII	Direito à vida e de ir e vir. Liberdades: econômica, de propriedade, de expressão, religiosa.
Direitos políticos	Século XIX	Direito de participar da direção do Estado, de votar e ser votado.
Direitos sociais	Século XX	Direito à saúde, à assistência social, à segurança alimentar, ao trabalho, à previdência social, à habitação e à educação.
Novos direitos	A partir de meados do século XX	Direitos ligados à etnia (negros, indígenas, por exemplo), ao gênero (mulheres, homossexuais), ao ciclo de vida (criança, adolescentes e idosos), à deficiência, ao patrimônio genético, à biodiversidade e à diversidade cultural, à participação e ao usufruto do desenvolvimento socioeconômico.

Observe que muitas das liberdades civis, de participação política e sociais que cercam a realidade cotidiana, hoje consideradas inalienáveis, demandaram discussões políticas, movimentos sociais e ações públicas realizados no decorrer dos anos. Isso demonstra que os direitos são formações e produtos históricos. "São históricos porque estão invariavelmente relacionados a certas circunstâncias e respondem a aspirações concretas de homens e mulheres enquanto membros de uma determinada sociedade" (Bussinger, 1997, p. 10).

Carvalho (2002, p. 10) frisa algumas diferenças entre os direitos: "se os direitos civis garantem a vida em sociedade, se os direitos políticos garantem a participação no governo da sociedade, os direitos sociais garantem a participação na riqueza coletiva".

Ao longo da história de uma sociedade, os direitos são ampliados – novos direitos são conquistados –, aprofundados – condições mais efetivas são garantidas – e ganham em abrangência e universalidade com a inclusão de um número maior de pessoas e grupos sociais em seu exercício. Por outro lado, os direitos também podem sofrer restrições, retrocessos e violações (Kauchakje, 2001). E quem seriam os atores desse processo dinâmico?

Entre os principais protagonistas na formulação e na demanda por direitos estão os movimentos sociais. Articulados em fóruns, organizações não governamentais e grupos ativistas, esses movimentos configuram redes sociais em âmbito nacional e internacional (Scherer-Warren, 2006).

> **Para saber mais**
>
> Para saber mais sobre os direitos e a história de suas conquistas, recomendamos a leitura do seguinte livro:
>
> BOBBIO, N. *A era dos direitos*. Rio de Janeiro: Campus, 2004.
>
> Leia também o seguinte texto:
>
> KAUCHAKJE, S. Riscos e possibilidades sociais da demanda pelo direito à diferença apresentada pelos novos movimentos sociais. *Publicatio UEPG*, v. 8, n. 1, p. 7-17, 2000. Disponível em: <http://www.revistas2.uepg.br/index.php/humanas/article/viewFile/7/4>. Acesso em: 25 maio 2011.

Como são realizadas as ações sociais públicas?

Por meio de políticas públicas, programas, projetos e serviços sociais. A seguir, você conta com um detalhamento dessas iniciativas:

- Políticas públicas: São instrumentos de ação do governo a serem desenvolvidos em programas, projetos e serviços nas áreas social, econômica, tecnológica, ambiental, entre outras de interesse social ou público, ou seja, qualificados pela supremacia do interesse público sobre o particular. No entanto, é preciso reconhecer que as políticas públicas em sociedades desiguais expressam a denominada *clivagem de classe*, isto é, ainda que afetem toda a sociedade, tendem a beneficiar prioritariamente parte dela (Lojkine, 1997). De toda forma, na área social, as políticas públicas são um desenho, uma planificação de decisões que dizem respeito aos direitos garantidos em lei.
- Programas e projetos: São planos constituídos por um conjunto de projetos e iniciativas que se articulam e se complementam com vistas à obtenção de resultados num tempo definido (Baptista, 2003).
- Serviços sociais: São, por um lado, espécies de provimentos e atendimentos sociais; por outro, podem ser unidades executoras de atividades planejadas em políticas, programas e projetos sociais. De todo modo, serviços sociais se caracterizam pela prestação – no geral, contínua – de atendimento às necessidades e às demandas sociais da população.

Agora você pôde compreender melhor a definição de gestão social, estreitamente ligada à gestão das ações sociais públicas. A gestão social é, em realidade, a administração das demandas e necessidades dos cidadãos, compreendidas no âmbito dos direitos sociais. A política social, os programas sociais e os projetos, por sua vez, funcionam como canais que respondem a essas necessidades e demandas (Carvalho, 1999, p. 16). Portanto, políticas, programas, projetos e também serviços sociais, quando entendidos como ações sociais públicas, são mecanismos, canais ou meios para atender às necessidades e às demandas da população.

Síntese

Neste capítulo, demonstramos que os principais elementos definidores da gestão social são os objetivos, os meios e o público a quem se destinam as ações sociais públicas. Há uma íntima articulação entre as ações que visam assegurar direitos sociais, tais como políticas públicas, programas, projetos e serviços sociais destinados à população como um todo (universalidade) e a grupos sociais específicos (priorização social). Você também pôde observar neste capítulo que os direitos possuem algumas dimensões, tais como a cultural, a civil, a política, entre as quais se destacam os direitos sociais para o campo da gestão social, que, por sua vez, conta com políticas públicas, programas, projetos e serviços sociais para realizar suas iniciativas.

Questões para revisão

1. Quando tratamos da gestão social, quais são os canais, ou seja, os meios de dar resposta às demandas e necessidades da população?

2. Por que a gestão social está relacionada aos direitos sociais?

3. Assinale a alternativa que completa de maneira correta a afirmação a seguir.

    A gestão pública de serviços sociais é parte de uma área mais abrangente denominada:

    a) planejamento de ações governamentais.
    b) planificação de atividades do Estado.
    c) gestão econômica.
    d) gestão ambiental.
    e) gestão social.

4. Assinale a alternativa correta. O objetivo da gestão de ações sociais públicas é:
   a) realizar caridade.
   b) atender aos que contribuem com a previdência social.
   c) assegurar os direitos sociais de todos os cidadãos.
   d) ajudar os necessitados, empobrecidos e em situação de vulnerabilidade social.
   e) Nenhuma das alternativas anteriores.

5. A gestão social é a gestão de:
   a) ações sociais públicas desenvolvidas pelo Estado e pela sociedade.
   b) ações sociais públicas empreendidas pela sociedade.
   c) ações sociais privadas empreendidas pela sociedade.
   d) ações sociais empreendidas pelo Estado.
   e) Nenhuma das alternativas anteriores.

Questões para reflexão

1. Quais as condições sociais que requerem atendimento dos serviços sociais?

2. Quais as necessidades e as demandas da população que busca os serviços sociais?

capítulo dois

Condições sociais e *população atendida pelos serviços sociais*

Conteúdos do capítulo:

+ População atendida pelos serviços sociais;
+ Vulnerabilidade e risco social;
+ Questão social.

Após o estudo deste capítulo, você será capaz de:

+ identificar o público a quem os serviços sociais são destinados e discutir a respeito das demandas dessa parcela da sociedade;
+ relacionar situações de vulnerabilidade e risco à questão social.

Os serviços sociais, assim como as políticas públicas às quais eles se articulam, destinam-se a atender às necessidades e às demandas da população. Existem serviços sociais caracterizados pela UNIVERSALIDADE, porque são destinados a toda a população. Há também os serviços sociais caracterizados pela PRIORIZAÇÃO SOCIAL, ou seja, que dão primazia ao atendimento a grupos sociais específicos. Esses grupos podem ser definidos pelas CONDIÇÕES SOCIOECONÔMICAS (pobreza, por exemplo), pelo CICLO DE VIDA (idosos, crianças e adolescentes) ou por RECORTES CULTURAIS, podendo ainda ser definidos por necessidades específicas, sexo e gênero (negros, populações indígenas, pessoas com deficiência, mulheres, por exemplo). A definição dos grupos prioritários pode basear-se também na associação dessas condições.

Demandas e carências, quando atreladas às condições sociais, representam situações de injustiça social cujo elemento gerador consiste nas formas de desigualdade. Especialmente nesses casos, a priorização nos programas e nos serviços (mesmo nas áreas de universalidade: saúde, educação, por exemplo) serve para restabelecer algum critério de equidade. Pessoas e grupos sociais inseridos nessas situações de desigualdade social são considerados *em vulnerabilidade* ou *em risco* e constituem o público-alvo de redes de serviços, entre eles os socioassistenciais da Política da Assistência Social. Observe o que caracteriza cada um desses grupos conforme os exemplos apresentados a seguir:

- Situações sociais que caracterizam vulnerabilidade:
    - pobreza;
    - desemprego de longa duração;
    - fragilização de vínculos afetivos e de pertencimento social;
    - discriminações de caráter etário, étnico, de gênero ou por deficiências.

- Situações sociais que caracterizam risco:
  - privação de bens e de condições dignas de sobrevivência, devida principalmente à ausência de renda e ao precário acesso aos serviços públicos de saúde, educação e assistência social;
  - violação de direitos – habitação em condições subumanas, desnutrição, maus-tratos físicos e/ou psíquicos;
  - violência sexual e exploração comercial do sexo;
  - trabalho infantil;
  - rompimento dos laços familiares e comunitários;
  - abandono, negligência;
  - uso de substâncias psicoativas;
  - moradia e trabalho nas ruas.

Percebe a diferença? A distinção entre *vulnerabilidade* e *risco* se dá pelos graus de severidade e intensidade. E quais os fatores que permitem a existência de situações de vulnerabilidade e risco social? É o que você verá na seção a seguir.

Para saber mais

Para você saber mais sobre vulnerabilidade e risco social, recomendamos a leitura da seguinte obra:

SPOSATI, A. Assistência social: de ação individual a direito social. *Revista Brasileira de Direito Constitucional – RBDC*, n. 10, p. 435-458, jul./dez. 2007. Disponível em: <http://www.esdc.com.br/RBDC/RBDC-10/RBDC-10-435-Aldaiza_Sposati.pdf>. Acesso em: 25 maio 2011.

Acompanhe também os *sites* do Ministério da Assistência Social e de suas respectivas secretarias estaduais e municipais.

2.1 Condições sociais geradoras de vulnerabilidade e risco social

A condição geradora primordial das situações de vulnerabilidade e risco a que nos referimos é a QUESTÃO SOCIAL. Em outras palavras, carências e demandas sociais têm como causa primordial as várias expressões da questão social. O próprio processo de urbanização excludente e a fragilidade da rede de serviços sociais urbanos e rurais estão relacionados a ela, sendo compreendidos como se segue.

Questão social

Em nossa sociedade, uma parcela significativa de pessoas e grupos sociais não tem satisfeitas as necessidades humanas básicas e, nesse sentido, os seus direitos garantidos em lei e no processo civilizatório são negados. As causas estruturais dessa injustiça social estão na contradição entre a produção abundante de riquezas materiais e culturais e a sua acumulação em territórios e classes sociais específicos. Em outras palavras: as causas e as condições sociais estruturais/fundamentais que geram a vulnerabilidade e o risco estão ligadas à questão social.

Por um lado, o conceito de QUESTÃO SOCIAL é de fácil compreensão; por outro, é muito difícil enfrentar e minimizar suas consequências de forma real na sociedade. Podemos entender a expressão anteriormente citada como o conjunto das expressões da desigualdade social, especialmente conforme estas se manifestam nas sociedades industriais e capitalistas (Iamamoto, 2001b).

Algumas expressões da questão social são:

+ a pobreza;
+ a fome;
+ a habitação em condições precárias e subumanas;
+ a degradação ambiental;

- a saúde fragilizada;
- a mortalidade infantil;
- o trabalho precarizado;
- o desemprego;
- a má qualidade da educação ou a falta de acesso a esta;
- a subtração da autonomia de indivíduos e grupos sociais.

Todavia, será que, para superar as expressões da questão social ou garantir a justiça social, bastariam a garantia de direitos na legislação e o crescimento econômico? A resposta é que não é "simples" assim, em virtude de dois fatores que apresentamos a seguir.

Primeiro, porque a garantia dos direitos previstos na Constituição e nas leis precisa ser transposta para as relações da vida cotidiana, no interior das famílias, do mundo do trabalho e da economia, das instituições jurídicas, políticas e de serviços. Sem essa divulgação, disseminação, concretização e enraizamento na vida social, os direitos são desacreditados e não têm repercussões no dia a dia da maioria das pessoas.

> No Brasil, não há propriamente a ausência de direitos, porque, de forma significativa, estes estão garantidos em lei. Existe, é claro, a necessidade de ampliá-los e aprofundá-los na perspectiva da conquista e do aprimoramento de direitos e de estendê-los a segmentos e grupos sociais ainda não contemplados por eles. São exemplos disso os direitos ligados ao meio ambiente, à identidade sexual, ao trabalho e à renda, entre outros. Nesse sentido, para Telles (1999), a maior tragédia brasileira não reside na ausência de direitos, mas, sim, no fato de que grande parte da população não tem sequer a noção dos direitos que possui, para que possa reclamá-los e exigir seu reconhecimento.

A segunda razão está no fato de que a produção crescente de riquezas, quando não associada à distribuição e à redistribuição de bens e recursos sociais, gera apenas acumulação destes nas mãos de poucos.

Para que se instale um estado de justiça, é necessário que haja democratização dessas riquezas.

Um dos mecanismos para a democratização tanto da riqueza produzida socialmente como dos bens e dos recursos naturais e culturais são as políticas e os serviços sociais.

Portanto, para que você compreenda as situações de vulnerabilidade e risco social, é preciso levar em conta a questão social, ou seja, a contradição entre garantia de direitos no âmbito da legislação *versus* efetividade nas relações sociais; crescimento econômico *versus* aumento ou manutenção da pobreza.

> **Para saber mais**
>
> Para aprofundar a discussão sobre questão social, é interessante que você leia o seguinte texto:
>
> IAMAMOTO, M. V. A questão social no capitalismo. *Temporalis*, Brasília, ano 2, n. 3, p. 9-32, jan./jul. 2001.
>
> Recomendamos também o seguinte artigo:
>
> YAZBEK, M. C. Pobreza e exclusão social: expressões da questão social no Brasil. *Temporalis*, Brasília, ano 2, n. 3, p. 33-40, jan./jul. 2001.

Urbanização excludente

Estreitamente ligado à questão social, o processo de urbanização brasileira, com altos índices de exclusão e segregação urbanas, é a causa mais comum das situações de vulnerabilidade e risco nas cidades.

Devido aos dois problemas urbanísticos anteriormente apresentados, vivemos como se cada cidade tivesse cercas e fronteiras imaginárias em seu interior, definindo o lugar de cada morador: os limites que determinam seu local e tipo de moradia e trabalho, bem como os equipamentos de transporte e os serviços de saúde e educação, estão definidos e não podem ser transpostos, traçando uma realidade cotidiana de pessoas segmentadas por classes sociais que não se misturam ou nem mesmo se veem, todos em uma mesma cidade (Rolnik, 2002; Maricato, 2002).

A exclusão e a segregação nas cidades, até a década de 1970, tinham como "fermento" o fluxo migratório, que era direcionado às cidades atrativas.

> O que vêm a ser essas cidades atrativas? Também chamadas de *municípios polos*, são cidades-alvo de indivíduos e famílias em busca de trabalho e acesso aos serviços e aos equipamentos sociais, como os de saúde e educação. Cidades como Belém, Curitiba, Fortaleza, Recife, Rio de Janeiro e São Paulo, de acordo com Campos et al. (2003, p. 20), são aglomerações urbanas que:
>> apresentam certamente alguns dos melhores índices no que se refere ao emprego, à alfabetização, à instrução etc. [Isso atrai pessoas para essas cidades e proximidades; entretanto, são justamente essas cidades que], em termos absolutos, também apresentam algumas das piores concentrações de pobreza, violência e assim por diante.

A partir dos anos de 1970, em conjunto com esse fluxo (que retrocede), fica evidenciada a segregação urbana a que estão sujeitadas pessoas e famílias que experienciam uma TRAJETÓRIA DE VIDA DESCENDENTE (Bonetti, 1998) nas cidades. São pessoas e famílias que perderam rendimento em razão do desemprego de longa duração, do subemprego ou do trabalho precarizado; moram em sub-habitações ou em ocupações sem infraestrutura urbana; têm acesso insuficiente aos equipamentos e serviços de saúde, à educação e à assistência social. Enfim, trata-se de uma parcela da sociedade que não tem condições de exercício dos direitos da cidadania em seu cotidiano.

Autores como Rolnik (2002) e Maricato (2002) realçam a associação entre fluxo migratório e trajetória descendente na composição de um processo de urbanização com exclusão social, fator que sobrecarrega as estruturas urbanas e os serviços sociais existentes nos municípios. Tais problemas agravam as situações de vulnerabilidade e risco, que, em um círculo vicioso, requerem mais e melhores serviços para atendimento de carências e necessidades sociais.

Fragilidade na rede de serviços sociais urbanos e rurais

Ouvimos diariamente a respeito de redes de serviços corporativos e públicos. Mas você sabe o que empresas e instituições organizadas dessa forma têm em comum? De acordo com Delazari, Penna e Kauchakje (2005, p. 5):

> Pode-se dizer que as redes são tecidas por meio do compartilhamento de interpretações e sentidos e da realização de ações articuladas pelos atores envolvidos. Os atores sociais dotados de recursos e capacidade propositivas, [sic] organizam suas ações nos próprios espaços políticos em função de socializações e mobilizações suscitadas pelo próprio desenvolvimento das redes. Mesmo quando inseridas em uma esfera informal de relações sociais, os efeitos das redes podem ser percebidos fora de seu espaço, nas interações com o Estado, a sociedade ou outras instituições representativas. Decisões micro são influenciadas pelo macro, tendo a rede como intermediária.

Trazendo para a realidade analisada nesta obra, a rede de serviços e de equipamentos sociais urbanos e rurais (de habitação e assistência social, saúde, educação, transporte, saneamento, trabalho etc.) tem o objetivo de atender às carências e às necessidades sociais dos cidadãos – sujeitos de direitos.

✦ ✦ ✦

Reflita sobre os tipos de projetos sociais citados neste capítulo. No Brasil, em seu estado, cidade ou em sua comunidade, qual(is) projeto(s) seria(m) prioritário(s)? Justifique sua resposta.

✦ ✦ ✦

Quando insuficiente ou ineficiente, ou quando a população tem dificuldade de acessá-la, a rede de serviços e equipamentos sociais se torna um dos fatores geradores ou agravadores da vulnerabilidade e do risco sociais.

São os órgãos e as entidades públicas, estatais e não governamentais, que têm a responsabilidade de fazer a gestão da rede, a fim de cumprir as garantias legais e os direitos da população. Eis a responsabilidade da gestão social: planejar, direcionar, organizar e monitorar a rede de serviços sociais, tendo em vista o objetivo de atendimento às demandas de cidadania.

Tomando por pressuposto a discussão promovida neste capítulo sobre carências sociais e questão social e aspectos a elas relacionados – como urbanização excludente e fragilidade ou ausência de uma rede de serviços sociais urbanos e rurais –, você possui maior base para avançar até nosso debate seguinte, que focaliza com maiores detalhes os serviços sociais.

Síntese

Existem serviços sociais destinados a toda a população (como os de saúde, por exemplo) e outros destinados a grupos sociais específicos. Nesse segundo caso, a prioridade pode ser definida por critérios como: condições socioeconômicas, ciclo de vida, recortes culturais, referentes a necessidades específicas, a sexo e gênero ou pela associação dessas condições. Dessa forma, os primeiros – serviços sociais destinados à população como um todo – são caracterizados pela universalidade, enquanto os segundos – destinados a grupos específicos – são caracterizados pela priorização de condições sociais específicas, não raro relacionadas à questão social.

Questões para revisão

1. Os serviços sociais públicos (e os projetos, programas e políticas aos quais estão relacionados) são destinados exclusivamente às pessoas em situação de vulnerabilidade ou risco (nas áreas da saúde, assistência social e moradia, por exemplo)? Justifique sua reposta.

2. Como são denominados os serviços sociais que atendem à população como um todo e aqueles que atendem prioritariamente a grupos sociais específicos?

3. Indique as opções que completam corretamente a afirmativa a seguir.

    Nos serviços sociais públicos caracterizados pela priorização social, as principais demandas atendidas estão relacionadas:

    i. às condições socioeconômicas.
    ii. ao ciclo de vida.
    iii. aos recortes culturais, referentes a necessidades específicas, a sexo e a gênero.
    iv. à caridade e ao assistencialismo.
    v. à questão social.

    Assinale a alternativa que contém as afirmativas corretas:
    a) i, ii, iii, iv.
    b) ii, iii, iv, v.

c) II, III, V.
d) I, II, III, V.
e) I, II, IV, V.

4. Assinale a alternativa correta. Os serviços sociais públicos são:
   a) caracterizados pela universalidade ou priorização social, de acordo com a legislação.
   b) para todos ou para algumas pessoas, de acordo com a vontade do gestor ou do profissional que decide quem irá atender em cada caso.
   c) sempre com prioridade para o atendimento de pessoas empobrecidas.
   d) sempre universais para o atendimento aos cidadãos.
   e) Nenhuma das respostas anteriores.

5. Indique as respostas corretas. Entre os fatores ligados às situações de vulnerabilidade e risco social, podem ser citados:
   I. Expressões da questão social.
   II. Alta taxa de natalidade entre as pessoas empobrecidas.
   III. Urbanização excludente.
   IV. Ausência ou insuficiência da rede de serviços sociais urbanos e rurais.
   V. Falta de força de vontade de parte da população.

   Assinale a alternativa correta:
   a) I, II, IV.
   b) I, III, IV.
   c) II, III, V.
   d) I, III, V.
   e) III, IV, V.

Questões para reflexão

1. Quais serviços sociais podem ser desenvolvidos para atender às diferentes situações de vulnerabilidade e risco?

2. Quais seriam as causas, as condições sociais geradoras da vulnerabilidade e do risco a que estão submetidas as pessoas que são atendidas pelos serviços sociais?

capítulo três

Serviços sociais e cidadania

Conteúdos do capítulo:

- Conjunto das ações sociais públicas;
- Relação entre legislação, políticas públicas, programas, projetos e serviços sociais;
- Informações, indicadores e ações sociais.

Após o estudo deste capítulo, você será capaz de:

- compreender a articulação existente entre a legislação social, as políticas públicas, os programas, os projetos e os serviços sociais;
- compreender a importância de indicadores sociais no âmbito das ações sociais.

Os serviços sociais fazem parte das ações sociais públicas, em conjunto com as políticas públicas, os programas e os projetos sociais, como vimos no primeiro capítulo. Para facilitar a sua compreensão, representamos esse conjunto na Figura 3.1.

Figura 3.1 – Conjunto das ações sociais

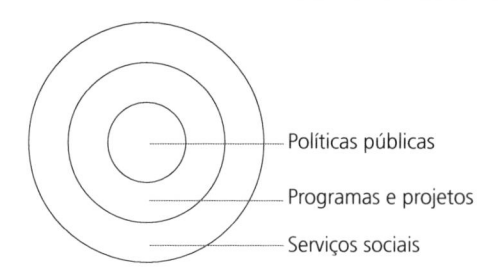

- Políticas públicas
- Programas e projetos
- Serviços sociais

As políticas públicas, que podem ser desdobradas em programas, projetos e serviços, são orientadas por legislações específicas. No caso de políticas sociais, temos como exemplos a Lei nº 9.394, de 20 de dezembro de 1996 (Brasil, 1996), denominada *Lei de Diretrizes e Bases da Educação Nacional* (LDBEN)*, e a Lei nº 8.080, de 19 de setembro de 1990 (Brasil, 1990b), denominada *Lei Orgânica da Saúde* (LOS)**. Essas leis devem estar de acordo com as determinações da Constituição Federal e com as referências da Carta Magna aos direitos sociais.

No art. 6º da Constituição de 1988 (Brasil, 1988), estão elencados os seguintes direitos sociais: a educação, a saúde, o trabalho, a moradia, o lazer, a segurança, a previdência social, a proteção à maternidade e à infância e a assistência aos desamparados.

Cada direito social anteriormente citado se refere aos seguintes temas:
- a artigos da Constituição Federal de 1988;

♦ ♦ ♦

* Lei que regulamenta a educação nacional e dá outras providências.

** Estabelece as condições para a promoção, proteção e recuperação da saúde e demais providências referentes aos serviços correspondentes.

- a leis específicas;
- a políticas sociais que planejam e traçam as diretrizes para a implementação de programas, projetos e serviços que assegurem aqueles direitos garantidos na legislação.

Para que você tenha uma noção mais precisa das leis que amparam e garantem os direitos sociais anteriormente citados, observe o Quadro 3.1.

Retomaremos o tema da relação entre legislação e política pública no capítulo sobre políticas públicas. Entretanto, para que você possa discutir sobre o conjunto das ações sociais públicas (apresentado na Figura 3.1), é importante que esteja atento aos INDICADORES SOCIAIS. A elaboração e a realização efetiva do conjunto de ações sociais públicas dependem de que sejam considerados esses indicadores nos temas como saúde, educação e habitação, entre outros.

Jannuzzi (2005, p. 138) explica que, no campo das políticas sociais,

> Os indicadores apontam, indicam, aproximam, traduzem em termos operacionais as dimensões sociais de interesse definidas a partir de escolhas teóricas ou políticas realizadas anteriormente. Prestam-se a subsidiar as atividades de planejamento público e a formulação de políticas sociais nas diferentes esferas de governo, possibilitam o monitoramento das condições de vida e bem-estar da população por parte do poder público e da sociedade civil e permitem o aprofundamento da investigação acadêmica sobre a mudança social e sobre os determinantes dos diferentes fenômenos sociais [...]. Taxas de analfabetismo, rendimento médio do trabalho, taxas de mortalidade infantil, taxas de desemprego, índice de Gini* e proporção de

✦ ✦ ✦

* "O índice de Gini é utilizado para medir o grau de concentração de um atributo (renda, terra, etc.) numa distribuição de frequência. 'Razão de concentração', como foi batizado, ele foi inicialmente adotado como indicador em estudos sobre a desigualdade na distribuição de rendas" (Brasil, 2001, p. 9).

Quadro 3.1 – Legislações referentes aos direitos sociais

Direitos sociais	Artigos da CF/1988	Legislações específicas
Saúde	Arts. 196 a 200.	Lei nº 8.080, de 19 de setembro de 1990 (Brasil, 1990b), denominada *Lei Orgânica da Saúde* (LOS).
Previdência social	Arts. 201 e 202.	Lei nº 8.213, de 24 de julho de 1991, que dispõe sobre os planos de benefícios da Previdência Social e dá outras providências (Brasil, 1991).
Assistência social	Arts. 203 e 204.	Lei nº 8.742, de 7 de dezembro de 1993, chamada de *Lei Orgânica da Assistência Social* – Loas (Brasil, 1993).
Educação	Arts. 205 a 214.	Lei nº 9.394, de 20 de dezembro de 1996, chamada de *Lei de Diretrizes e Bases da Educação Nacional* – LDBEN (Brasil, 1996).
Moradia	Arts. 183, 187 e 191.	Lei nº 11.124, de 16 de junho de 2005, denominada *Lei sobre Habitação de Interesse Social* (SNHIS) (Brasil, 2005a).
Segurança alimentar e nutricional	Arts. 200, 208 e 227.	Lei nº 11.346, de 15 de setembro de 2006, também chamada de *Lei Orgânica da Segurança Alimentar e Nutricional* (Losan), que, entre outras providências, cria o Sistema Nacional de Segurança Alimentar e Nutricional – Sisan (Brasil, 2006).
Proteção da família, da criança, do adolescente e do idoso	Arts. 226 a 230	Loas; Lei nº 8.069, de 13 de julho de 1990, que institui o Estatuto da Criança e do Adolescente – ECA (Brasil, 1990a); Lei nº 10.741, de 1º de outubro de 2003, que regulamenta o Estatuto do Idoso (Brasil, 2003).

crianças matriculadas em escolas são, nesse sentido, indicadores sociais, ao traduzirem em cifras tangíveis e operacionais várias das dimensões relevantes, específicas e dinâmicas da realidade social.

Os indicadores são imprescindíveis para a análise de situações sociais e para o planejamento de políticas, programas, projetos e serviços sociais. São indispensáveis também para a execução, o monitoramento e a avaliação dessas ações sociais públicas.

Mais adiante, teremos um capítulo dedicado ao tema PLANEJAMENTO, para que você possa ter uma compreensão maior sobre o assunto.

Para melhor compreender as ações representadas na Figura 3.1, sugerimos que você procure conhecer em sua cidade algum serviço ou programa social que atenda a pessoas, famílias e comunidades em situação de carência social.

3.1 Relevância dos indicadores sociais*

Acompanhe os exemplos a seguir e observe a importância dos indicadores para a obtenção de informações que contribuem para maior eficiência da gestão social.

Pobreza

Pode ser medida por indicadores que permitem aos gestores monitorar se os programas, os projetos e os serviços estão atendendo ao objetivo de amenizá-la ou eliminá-la. Uma das mais cruéis situações sociais causadas pelas relações socioeconômicas, a pobreza provoca outras situações de vulnerabilidade e risco, como subnutrição, moradia precária e trabalho infantil etc.

✦ ✦ ✦

* As informações desta seção são baseadas em Brasil (2005b).

** De acordo com o Instituto de Pesquisa Econômica Aplicada (Ipea), encontram-se em pobreza absoluta, ou seja, abaixo da linha da pobreza, os membros de famílias com rendimento médio por pessoa de até meio salário mínimo mensal (Ipea, 2010).

Exemplos de informações e indicadores sociais relativos à pobreza:
- Porcentagem de pessoas com mais de 50% da renda proveniente de transferências governamentais;
- Porcentagem de pessoas com renda domiciliar *per capita* abaixo de meio salário mínimo.;
- Porcentagem de pessoas com renda domiciliar *per capita* abaixo da linha da pobreza*;
- Porcentagem de pessoas que vivem em domicílios subnormais (favelas);
- Porcentagem de renda domiciliar apropriada pelos 20% mais pobres da população;
- Taxa de pobreza municipal;
- Índice de exclusão municipal;
- Índice de Desenvolvimento Humano (IDH): municípios, estados e União.

Exemplos de ações e equipamentos sociais para o enfrentamento da pobreza, com o propósito de minimizar indicadores negativos:
- Bolsa Família: "[...] programa de transferência direta de renda com condicionalidades, que beneficia famílias em situação de pobreza e de extrema pobreza". Caso você queira se aprofundar nesse tema no que se refere às condicionalidades do programa, bem como aos seus objetivos e especificidades, acesse o *link* específico do *site* do Ministério do Desenvolvimento Social e Combate à Fome (Brasil, 2011d).
- Benefício de Prestação Continuada (BPC): Direito constitucional que garante um salário mínimo para idosos de 65 anos ou mais e para pessoas portadoras de deficiências em qualquer idade que não possam prover seu próprio sustento. Para saber mais, veja a Loas ou acesse o *link* do *site* do Ministério do Desenvolvimento Social e Combate à Fome que trata especificamente desse assunto (Brasil, 2011c).

- Hortas comunitárias: Instaladas em terrenos vagos, com o objetivo de prover alimentação para famílias que moram próximos destes, utilizem-se de técnicas de agricultura orgânica. Caso você queira saber sobre um caso bem-sucedido da horta comunitária, veja a matéria *Horta comunitária melhora vida de beneficiários do Bolsa Família em Itapeva (SP)* (Rebelo, 2007).

- Programa de Erradicação do Trabalho Infantil (Peti): Iniciativa do governo federal com vistas a afastar crianças e adolescentes de até 16 anos do mercado de trabalho infantil, excetuando-se o caso de aprendizes a partir de 14 anos. Para saber mais, acesse o *link* do *site* do Ministério do Desenvolvimento Social e Combate à Fome (Brasil, 2011f).

- Centro de Referência de Assistência Social (Cras): "O Cras atua como a principal porta de entrada do Sistema Único de Assistência Social (Suas), dada sua capilaridade nos territórios e é responsável pela organização e oferta de serviços da Proteção Social Básica nas áreas de vulnerabilidade e risco social". Caso queira conhecer as especificidades dessa instituição, acesse o *link* do *site* do Ministério de Desenvolvimento Social e Combate à Fome (Brasil, 2011e).

Desemprego de longa duração

Segundo Pochmann (2002), caracteriza-se como *desemprego de longa duração* a falta de emprego que se estende por um período igual ou superior a oito meses.

Exemplos de informações e indicadores sociais relativos ao desemprego:
- Fluxo da força de trabalho por setores econômicos;
- Saldo de emprego com carteira assinada;
- Cadastro geral de emprego e desemprego;
- População economicamente ativa.

Exemplos de ações sociais relativas ao desemprego:
- Programa de Geração de Emprego, Trabalho e Renda: Consiste em um grupo de linhas de crédito para empreendedores que pretendem modernizar ou ampliar seus negócios (Brasil, 2011i).
- Programa de Economia Solidária em Desenvolvimento: Você pode entender ECONOMIA SOLIDÁRIA como aquela que envolve a produção de bens e serviços em grupos organizados como cooperativas, empresas autogestionárias, ou seja, aquelas em que os integrantes são responsáveis tanto pelo processo de produção quanto pela gerência do negócio, na qual todas as decisões são compartilhadas, entre outras organizações de trabalho. Caso você queira saber mais a respeito, um *link* específico do *site* do Ministério do Trabalho e Emprego citado conta com uma descrição a respeito dessa iniciativa governamental (Brasil, 2011j).
- Bolsa Família (programas associados de geração de trabalho e renda).
- Programa de Estímulo ao Cooperativismo.

Fragilidade ou rompimento de vínculos familiares e comunitários

Os dados sobre essa situação podem ser encontrados indiretamente por meio de consulta a registros em instituições de atendimento às mulheres, às crianças, aos adolescentes, aos idosos, aos moradores de rua, bem como às pessoas com deficiência, transtorno mental ou que foram vítimas de violência doméstica, intrafamiliar, sexual etc.

Exemplos de ações e equipamentos sociais relativos aos vínculos familiares:
- Centro de Referência da Assistência Social (Cras).
- Programa de Atenção Integral à Família (Paif): Trata-se de um trabalho realizado com famílias em situação de vulnerabilidade social, possibilitando a elas o acesso a direitos básicos, fortalecendo, dessa forma, a integridade e os laços familiares. Conheça mais a respeito acessando

> o *link* específico do *site* do Ministério do Desenvolvimento Social e Combate à Fome (Brasil, 2011g).
>
> ♦ Agente Jovem de Desenvolvimento Social e Humano: De acordo com o Ministério do Desenvolvimento Social e Combate à Fome (Brasil, 2011h), esse projeto visa
>
>> promover atividades continuadas que proporcionem ao jovem, entre 15 e 17 anos, experiências práticas e o desenvolvimento do protagonismo juvenil, fortalecendo os vínculos familiares e comunitários e possibilitando a compreensão sobre o mundo contemporâneo com especial ênfase sobre os aspectos da educação e do trabalho.
>
>> Caso você queira saber mais a respeito, acesse o *link* do referido ministério.
>
> ♦ Albergues (casas de passagem e de cuidados primários).

Ciclo de vida

Nas sociedades atuais, as faixas etárias anteriores e posteriores ao período produtivo, em termos de inserção no mercado de trabalho, são consideradas fator de vulnerabilidade e risco, pois as crianças, os adolescentes e os idosos estão sujeitos ao isolamento do convívio familiar e comunitário, bem como à negligência, ao abandono e à violência.

> Exemplos de informações e indicadores sociais relativos ao ciclo de vida:
> - Porcentagem de crianças de 7 a 14 anos que frequentam escolas;
> - Porcentagem de jovens de 15 a 24 anos empregados;
> - Porcentagem de pessoas com 65 anos ou mais que moram sozinhas;
> - Número e porcentagem de crianças e adolescentes de 0 a 17 anos em famílias com renda de até 1/2 salário mínimo;
> - Porcentagem de probabilidade de sobrevivência até 60 anos de idade;
> - Chefes de domicílios particulares permanentes por grupos de idade;
> - Número e porcentagem de idosos nos municípios brasileiros.

Exemplos de ações sociais relativas ao ciclo de vida:
- Agente Jovem.
- Programa Atenção à Criança: Projeto que visa garantir o ingresso de crianças de até 6 anos de idade em creches e pré-escolas que primam efetivamente pelo desenvolvimento humano infantil. Para saber mais, acesse o *site* Avança Brasil (Avança Brasil, 2011).
- Bolsa Família.
- Programa de Atenção ao Idoso: O Ministério da Saúde e o Ministério de Desenvolvimento Social e Combate à Fome contam com iniciativas que têm seu foco principal no idoso. Para saber mais, acesse o *link* do *site* do Ministério da Saúde que trata especificamente desse assunto (Brasil, 2011a).
- Programa de Erradicação do Trabalho Infantil (Peti).
- Benefício de Prestação Continuada (BPC).

Etnia e gênero

No Brasil, a vulnerabilidade relacionada a fatores étnicos tem maior incidência entre negros e povos indígenas; em relação ao gênero, os problemas sociais recaem principalmente sobre mulheres e homossexuais. Dados sobre escolaridade, trabalho, renda e casos de violência podem fornecer informações sobre situações de exclusão socioeconômica e questões ligadas à discriminação que esses grupos sociais podem vivenciar.

Tendo isso em vista, qual são os critérios e dados que devemos observar para detectarmos casos de exclusão social? Para mulheres, por exemplo, é interessante verificar a porcentagem de mulheres chefes de família, sem cônjuge e com filhos menores de 15 anos, e a porcentagem de mulheres que integram a população economicamente ativa (PEA).

> Exemplos de ações e equipamentos sociais relativos à etnia e ao gênero:
> * Programas de cotas sociais ou étnicas em universidades.
> * Centros de Referência da Assistência Social (Cras) com atendimento específico a quilombolas e aos povos indígenas.
> * Delegacias e casas de proteção às vítimas de violência.

Deficiência*

Pessoas com deficiências são as que apresentam, individualmente ou como grupo social, necessidades especiais, como: pessoas cegas ou com nível de acuidade visual sensivelmente abaixo do normal; pessoas surdas (conforme denominação adotada pelo Movimento das Pessoas com Deficiência Auditiva); cadeirantes (pessoas cuja deficiência física impede a locomoção); pessoas com deficiência mental ou comprometimento cognitivo. No Brasil, as estatísticas apontam que há um aumento no número de pessoas com deficiência decorrente de fatores sociais dependentes de políticas públicas e serviços. Entre os fatores sociais causadores de deficiências, destacam-se a violência urbana, a desnutrição e a insuficiência no atendimento e na prevenção de saúde voltados às mulheres em idade fértil.

> Exemplo de informações e indicadores sociais relativos à deficiência:
> * Dados da Organização Mundial da Saúde (OMS);
> * Dados de órgãos municipais, estaduais e nacionais da área de saúde;
> * Dados de órgãos municipais, estaduais e nacionais da área de educação;
> * Dados de órgãos municipais, estaduais e nacionais da área de trabalho.

✦ ✦ ✦

* Lembre-se de que, para que uma pessoa seja considerada com deficiência de fato, existem critérios muito específicos a serem observados. O Ministério do Trabalho e Emprego conta com uma lista referente aos tipos de deficiência e seus respectivos níveis, na qual são apresentadas as legislações que tratam sobre cada deficiência em específico. Acesse o *link*: <http://www.mte.gov.br/fisca_trab/inclusao/lei_cotas_2.asp>. Acesso em: 30 maio 2011.

Exemplos de ações e equipamentos sociais relativos à deficiência:
- Benefício de Prestação Continuada (BPC);
- Programas de atenção à pessoas com deficiências, viabilizando para esses indivíduos o acesso ao mercado de trabalho, a prédios, escolas, hospitais, instituições, repartições governamentais, bem com à cultura e à vida social de uma forma justa e equânime;
- Centros de Referência da Assistência Social (Cras);
- Serviços de habilitação e reabilitação institucional e comunitária.

Para saber mais

Caso você queira se aprofundar nos assuntos tratados neste capítulo, sugerimos as seguintes leituras:

Livros

COLIN, D. R.; SILVEIRA, J. I. Serviços socioassistenciais: referências preliminares na implantação do Suas. In: BATTINI, O. (Org.) *Suas*: Sistema Único de Assistência Social em debate. São Paulo: Veras; Curitiba: Cipec, 2007. p. 101-132.

JANNUZZI, P. de M. *Indicadores sociais no Brasil*: conceitos, fontes de dados e aplicações. 3. ed. Campinas: Alínea, 2006.

Arquivo eletrônico

SUBSECRETARIA NACIONAL DE PROMOÇÃO DOS DIREITOS DA PESSOA COM DEFICIÊNCIA. *Convenção sobre os Direitos das Pessoas com Deficiência*: Protocolo Facultativo à Convenção sobre os Direitos das Pessoas com Deficiência: Decreto Legislativo n. 186, de 9 de julho de 2008: Decreto n. 6.949, de 25 de agosto de 2009. 2. ed. rev. e atual. Brasília: Secretaria de Direitos Humanos; Subsecretaria Nacional de

> Promoção dos Direitos da Pessoa com Deficiência, 2010. Disponível em: <http://www.direitoshumanos.gov.br/pessoas-com-deficiencia-1/Convencao%20dos%20Direitos%20Humanos_26-7-10.pdf>. Acesso em: 19 ago. 2011.

Síntese

O estudo e a atuação no campo da gestão social consideram que o conjunto das ações sociais públicas é formado por políticas públicas, programas, projetos e serviços sociais articulados. O planejamento, a execução, o monitoramento e a avaliação dessas ações se baseiam em informações e indicadores sobre aspectos da realidade social. Neste capítulo, você obteve alguns exemplos de indicadores e informações sociais relativos à pobreza, ao ciclo de vida, à etnia, ao gênero e à deficiência.

Questões para revisão

1. Quais as principais ações sociais públicas consideradas no campo de estudo e de atuação da gestão social?

2. Para a gestão social, qual a importância das informações e dos indicadores sociais?

3. Assinale a alternativa que completa de forma correta a afirmação a seguir.

   Sobre o conjunto das ações sociais públicas, é correto afirmar que:
   a) os serviços sociais não têm relação com as políticas públicas.
   b) os serviços sociais não têm relação com a legislação social.

c) os serviços sociais estão articulados apenas às políticas públicas.

d) os serviços sociais estão articulados apenas à legislação social.

e) os serviços sociais estão articulados à legislação social e às políticas públicas.

4. Indicadores e informações sociais são importantes no processo de gestão de serviços sociais destinados a atender demandas e necessidades. Por isso, é correto afirmar:

   I. Para demandas relativas especificamente à deficiência, o mais adequado é buscar informações sobre: mulheres chefes de família; meninas com até 10 anos responsáveis por atividades domésticas; violência contra mulheres sem cônjuge.

   II. Para demandas relativas à pobreza e ao gênero, é útil buscar informações sobre: mulheres chefes de família; meninas com até 12 anos responsáveis por atividades domésticas; violência contra mulheres sem cônjuges.

   III. Para demandas relativas à pobreza, à etnia e/ou ao gênero, são úteis informações sobre: características étnicas de mulheres chefes de família; características étnicas de meninas com até 12 anos responsáveis por atividades domésticas; características étnicas de mulheres vítimas de violência sem cônjuges.

   IV. Para demandas relativas à pobreza, são úteis informações sobre: pessoas com renda abaixo da linha da pobreza; pessoas com 50% ou mais da renda composta por programas de transferência monetária; oferta e acesso aos serviços sociais públicos.

   V. Para demandas relativas à saúde, são úteis informações sobre: esperança de vida ao nascer; segurança pública; alimentação e nutrição; oferta de serviços de saúde, assistência social e saneamento.

Assinale a alternativa que indica as afirmações corretas:
a) I, II, III, IV.
b) II, III, IV, V.
c) III, IV, V.
d) I, III, IV.
e) II, IV, V.

5. Assinale as opções que completam corretamente a afirmação a seguir. Indicadores sociais são importantes no processo de gestão social porque:
   I. são medidas, em geral quantitativas, que informam sobre aspectos da realidade social (Jannuzzi, 2005).
   II. são instrumentos para a análise de situações sociais.
   III. são medidas, em geral qualitativas, que dissimulam e escondem aspectos da realidade social.
   IV. são instrumentos para o planejamento, a execução, o monitoramento e a avaliação de políticas públicas, programas, projetos e serviços sociais.
   V. são recursos que contribuem para medir eficiência, eficácia e efetividade.

   Assinale a alternativa que contém as respostas corretas:
   a) I, III, IV, V.
   b) II, III, IV, V.
   c) I, II, IV, V.
   d) I, II, III.
   e) III, IV, V.

Questões para reflexão

1. Será que sempre houve serviços e programas estruturados para atender e proteger os membros de uma sociedade que estejam em situação social de carência ou mais vulneráveis? Justifique sua resposta.

2. O que você sabe sobre a história dos serviços de proteção social?

capítulo quatro

Trajetória histórica da proteção social

Conteúdos do capítulo:

+ Aspectos históricos da proteção social;
+ Solidariedade política e solidariedade beneficente.

Após o estudo deste capítulo, você será capaz de:

+ compreender aspectos históricos do campo da proteção social;
+ estabelecer a diferença entre solidariedade política e solidariedade beneficente.

A proteção social se realiza por meio da aquisição, por parte de indivíduos, grupos e coletividades, de bens materiais (renda, alimentação, habitação, entre outros) e imateriais (afeto, autonomia, educação, cultura, desenvolvimento de capacidades, por exemplo).

Desde tempos remotos, a maioria dos agrupamentos sociais e das sociedades protege os seus membros fragilizados por condições pessoais ou sociais, embora, junto a isso, também sejam recorrentes os episódios de abandono ou assassinato de pessoas com deficiência, recém-nascidos do sexo feminino, enfim, indivíduos com atributos considerados inadequados para a sobrevivência pessoal ou para a estabilidade e as crenças do grupo e suas instituições. Nas sociedades ocidentais da Idade Média, além dos laços de parentesco e vizinhança, as pessoas podiam contar com as ações da Igreja e com o contrato com o senhor feudal que, em troca de fidelidade e servidão, deveria exercer algum tipo de proteção aos servos.

No período seguinte – a Idade Moderna –, o Estado passou a assumir cada vez mais as ações de proteção e regulação da vida social e do trabalho. Particularmente na Inglaterra, a proteção pública de indivíduos que sofriam de alguma fragilidade de vínculo social ou familiar teve um marco importante nos séculos XVIII e XIX. Tal fato não ocorreu por acaso, já que nesse período a Revolução Industrial consolidou o trabalho assalariado em jornadas extensas e intensas e com baixos salários.

Marx (1983) cita algumas leis, ainda do final do século XV e início do século XVI, que obrigavam ao trabalho, isto é, que reprimiam os "vagabundos e esmoleiros". Essa legislação favoreceria o avanço do capitalismo e a própria Revolução Industrial séculos mais tarde:

- Esmoleiros velhos e incapacitados para o trabalho precisavam receber uma licença para mendigar.

- Vagabundos válidos – que não encontravam trabalho ou não se adaptavam a ele – seriam açoitados e encarcerados; aqueles que fossem

> apanhados pela segunda vez teriam como sorte o açoite e o corte de metade da orelha; na terceira reincidência, haveria a execução.
> - O estatuto do ano de 1547 determinava:
>   - se alguém se recusasse a trabalhar, deveria ser condenado a tornar-se escravo da pessoa que o denunciasse como vadio;
>   - vagabundos vadiando há mais de três dias deveriam ser levados às suas terras natais, marcados com ferro em brasa no peito com a letra "V" e postos para trabalhar; os filhos dos vagabundos poderiam ser tomados e mantidos como aprendizes (em caso de fuga, tornar-se-iam escravos);
>   - os pobres deveriam ser empregados pela comunidade e receber como pagamento comida e bebida.
> - 1572 e 1597: Esmoleiros sem licença e com mais de 14 anos seriam açoitados e teriam a orelha marcada a ferro; os jovens com mais de 18 anos reincidentes seriam executados.

Com a Revolução Industrial, ocorreu o AUMENTO E A CONCENTRAÇÃO DO PAUPERISMO NAS CIDADES, devido à expulsão dos trabalhadores do campo e à SUBSTITUIÇÃO DO TRABALHO ARTESANAL PELAS MANUFATURAS. As consequências mais imediatas desse processo foram a PERDA DOS LAÇOS DE PERTENCIMENTO E DE PROTEÇÃO (familiares, vizinhança) e a SUBTRAÇÃO DAS CONDIÇÕES DE SOBREVIVÊNCIA de um grande contingente de pessoas que, até então, tinham somente sua força de trabalho para vender. Mesmo assim, alguns indivíduos não se submeteram às condições e ao árduo ambiente das fábricas, restando-lhes como alternativa a mendicância e as consequências de sistemas punitivos.

O pauperismo decorrente do trabalho assalariado e da mendicância voluntária ou por incapacidade para o trabalho, bem como revoltas e resistências dos trabalhadores, provocaram a ação do Estado. Por um lado, houve a promulgação de leis de redução de jornada de trabalho, fixação de melhores ambientes e salários, regulação do trabalho infantil, concessão de férias, assistência aos trabalhadores como compensação pelos baixos salários etc. Por outro, conjugadas a essas leis de proteção aos trabalhadores pobres, foram elaboradas leis de proteção aos pobres sem trabalho, que, para obterem esse benefício legal, eram obrigados a buscar ou aceitar algum tipo de trabalho regular.

Após a Segunda Guerra Mundial, vemos o auge da proteção social ofertada pelo Estado (Estado de bem-estar social), com políticas sociais de educação, saúde, transferência e auxílio de renda, habitação e previdência social, principalmente. Contudo, depois dos anos 1980, revelaram-se duas tendências na gestão de políticas, programas e serviços de proteção social: uma consistia no retrocesso da ampliação dessas políticas por parte do Estado e do incentivo à responsabilidade social da sociedade civil, especialmente do chamado *Terceiro Setor*; a outra apregoava o fortalecimento da responsabilidade social do Estado – compreendido como poder normativo e regulador da vida social – com a participação da sociedade civil para o planejamento, a implementação, a fiscalização e a democratização das políticas públicas e do acesso aos serviços sociais.

Você pode acompanhar, no Quadro 4.1, um esquema que resume a trajetória histórica da proteção e dos serviços sociais. Observe que para cada forma de proteção é indicado um tipo de solidariedade.

A despeito do histórico anteriormente apresentado, o objetivo da gestão social, entendida como gestão de ações sociais públicas, não é realizar caridade nem ajuda humanitária ou religiosa, mas, sim, assegurar os direitos de todos os cidadãos. Nesse sentido, a gestão social não está relacionada à solidariedade dedicada a uma ou outra classe específica, pois as ações de proteção social têm o caráter de pacto político para o enfrentamento da questão social. Portanto, a gestão pública de serviços sociais é vinculada à SOLIDARIEDADE POLÍTICA.

É interessante observar que, enquanto a solidariedade beneficente, seja laica, seja religiosa, manifesta-se pelas ações de caridade e de ajuda, a solidariedade política se explicita PELO RECONHECIMENTO E PELA CONSOLIDAÇÃO DE DIREITOS, ou seja, ações e serviços não são realizados porque alguém precisa da benesse, mas, sim, porque esta é um

Quadro 4.1 – Resumo esquemático da história
da proteção social e de tipos de solidariedade

Período	Proteção social: Estado	Proteção social: Organizações e membros da sociedade
Até o século XVI		• Grupos de pertencimento • Familiares • Comunidade • Vizinhança
Século XVI a XVIII	• Leis sociais ligadas à regulação e imposição das condições de trabalho. • Concepções de solidariedade beneficente e política.	• Igreja • Senhores de escravos e servos • Empregadores (trabalho assalariado) • Solidariedade típica: Beneficente • Introdução de concepções de solidariedade política
Séculos XVIII, XIX e início do XX	• Legislação social e do trabalho. Favorecimento do setor capitalista. Representação da solidariedade de classe: conquistas de direitos trabalhistas e de cidadania. • Concepções de solidariedade beneficente e política.	• Familiares • Comunidade • Vizinhança • Senhores de escravos e servos • Igreja • Empregadores (trabalho assalariado) • Solidariedade típica: Beneficente • Introdução de concepções de solidariedade política
1940 a 1980	• Estado de bem-estar social: Políticas sociais e de trabalho – enfrentamento da questão social. • Solidariedade típica: Política.	• Família • Comunidade • Igreja • Solidariedade típica: Beneficente • Concepções de solidariedade política

(continua)

(Quadro 4.1 – conclusão)

Período	Proteção social: Estado	Proteção social: Organizações e membros da sociedade
A partir de 1980	• Neoliberal: Menor ênfase nas políticas sociais e de trabalho. Corresponsabilidade entre Estado e sociedade civil. • Solidariedade típica: Beneficente. • Gestão social: Políticas sociais e de trabalho sob responsabilidade do Estado, com participação de: • organizações da sociedade civil, como organizações não governamentais (ONGs); • sociedade civil organizada, como movimentos, conselhos e fóruns. • Solidariedade típica: Política.	• Família • Comunidade • Igreja • Empresas com responsabilidade social • ONGs • Solidariedade típica: Beneficente • Concepções de solidariedade política

Para saber mais

Para aprofundar os estudos sobre história da proteção social, leia a seguinte obra:

CASTEL, R. *As metamorfoses da questão social*: uma crônica do salário. 5. ed. Petrópolis: Vozes, 2005.

Você encontra uma discussão sobre tipos de solidariedade no texto indicado a seguir:

KAUCHAKJE, S. Solidariedade e expressão jurídica: valores políticos de vereadores sobre direitos sociais. In: ENCONTRO DA ASSOCIAÇÃO BRASILEIRA DE CIÊNCIA POLÍTICA, 7., 2010, Recife. *Trabalhos selecionados*. Disponível em: <http://cienciapolitica.servicos.ws/abcp2010/arquivos/13_7_2010_0_6_43.pdf>. Acesso em: 12 abr. 2011.

A título de ilustração, é oportuno que você leia também o seguinte romance:

HUGO, V. *Os miseráveis*. São Paulo: Cosac Naify, 2009.

direito de cidadania desse indivíduo ou grupo social. A despeito de a dinâmica da ajuda e da compaixão ser importante e constituir parte substancial das relações caracterizadas como humanas, a solidariedade política muda a perspectiva de autonomia pessoal e identidade social daqueles que recebem os serviços e benefícios sociais. Telles (1999) ressalta que as pessoas agradecem quando recebem a caridade, na dependência da boa vontade de outros; os direitos, por sua vez, são conquistados e seu cumprimento contínuo pode ser exigido, inclusive judicialmente.

Tendo isso em vista, você agora pode entender porque os direitos somente se realizam concretamente mediante ações protetivas públicas, ou seja, por meio de políticas públicas desdobradas em programas e projetos provedores de serviços sociais. Você terá uma apreciação mais detalhada a esse respeito no capítulo a seguir.

Síntese

Neste capítulo, você pôde observar que ações protetivas são uma constante ao longo da história. No entanto, estas adquiriram características muito diversas em diferentes períodos históricos e agrupamentos sociais. Tais características incluem a proteção aos membros mais próximos e considerados frágeis ou em risco, a proteção pública estatal, que envolve todos os reconhecidos como cidadãos, e as ações protetivas da sociedade e das organizações internacionais que ultrapassam fronteiras territoriais e nacionalidades. Podemos estabelecer alguns tipos de solidariedade que sedimentam e incentivam ações de proteção social. No campo da gestão social, os tipos principais são a solidariedade beneficente – religiosa ou laica – e a solidariedade política, que é caracterizada pelo reconhecimento de direitos.

Questões para revisão

1. Por que a garantia e a concretização de direitos sociais estão ligadas às políticas públicas e ao desdobramento destas em programas, projetos e serviços sociais?

2. No campo de estudo e atuação da gestão social, que tipos principais de solidariedade podem ser identificados? Qual desses tipos de solidariedade tem maior relação com o reconhecimento dos direitos sociais? Justifique sua resposta.

3. Assinale as opções que completam corretamente a afirmação a seguir. Na trajetória histórica da proteção social:
   i. medidas de proteção social pública realizadas pelo Estado são constantes e sempre existiram.
   ii. medidas de proteção social pública realizadas por meio de laços de reconhecimento e de pertencimento estão presentes de forma constante nos diversos períodos históricos.
   iii. de forma geral, as medidas de proteção social por parte do Estado favoreceram o desenvolvimento econômico em sociedades capitalistas.
   iv. medidas de proteção social pública, em especial estatais, significaram conquistas de direitos sociais.
   v. somente as organizações da sociedade civil realizam ações de proteção social.

   Assinale a alternativa que contém as respostas corretas:
   a) ii, iii, iv.
   b) ii, iii, iv, v.

c) I, II, III, IV.
d) III, IV, V.
e) I, II, IV, V.

4. Assinale a alternativa correta que completa a afirmação a seguir. Ao longo da trajetória histórica da proteção social:
   a) as ações protetivas contam com características iguais em diferentes períodos e sociedades.
   b) as ações de proteção social restringiram-se sempre aos membros mais próximos e considerados frágeis ou em risco.
   c) as ações sempre foram de proteção pública estatal que abrange aqueles reconhecidos como cidadãos.
   d) as ações protetivas sempre foram implementadas por organizações internacionais que ultrapassam fronteiras territoriais e nacionalidades.
   e) as ações protetivas vão desde as realizadas por pessoas e comunidades mais próximas até a proteção estatal e da sociedade e de organizações internacionais.

5. É correto afirmar que a solidariedade:
   I. pode ser fator de motivação para ações protetivas públicas e privadas.
   II. pode ser de caráter beneficente e político.
   III. somente está presente em ações protetivas privadas, motivando-as.
   IV. está sempre ligada à filantropia (religiosa ou laica), com o sentido de ajuda.
   V. está sempre ligada à concepção política de reconhecimento de direitos.

   Assinale a alternativa que contém as respostas corretas:
   a) I, II, V.
   b) I, III, IV.

c) III, IV.
d) I, II.
e) II, V.

Questões para reflexão

1. Você consegue perceber o que mudou e o que permaneceu ao longo da história da proteção e dos serviços sociais?

2. Você se lembra da definição de gestão social? Tente relacionar essa definição ao que você entendeu sobre proteção social.

3. O que você entende por políticas públicas?

capítulo cinco

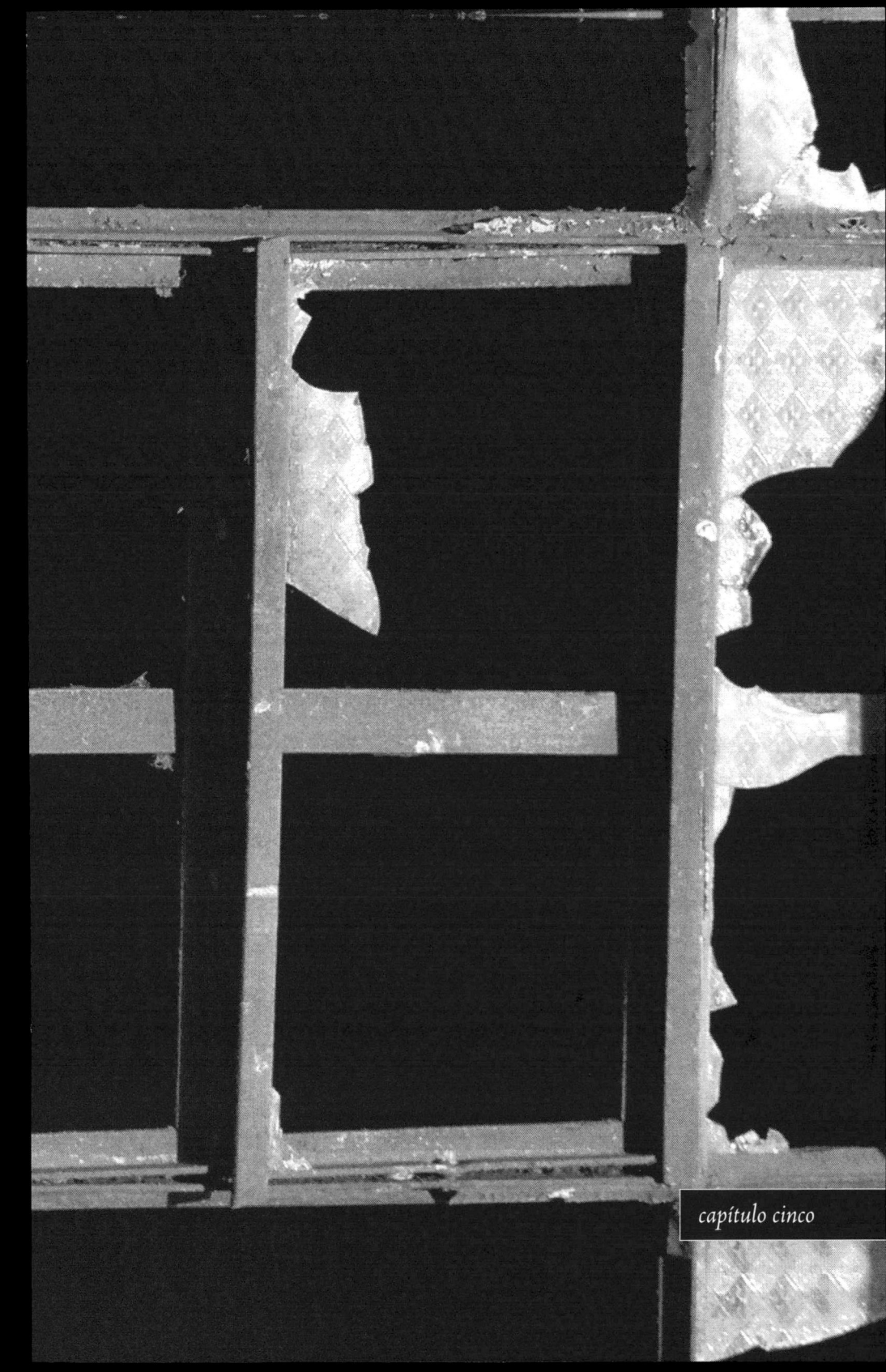

Políticas públicas

Conteúdos do capítulo:

+ Definição de políticas públicas;
+ Áreas e setores de políticas públicas;
+ Legislação social;
+ Ciclos das políticas públicas.

Após o estudo deste capítulo, você será capaz de:

+ identificar áreas e setores de políticas públicas;
+ compreender a articulação entre a legislação social e as áreas de políticas públicas;
+ reconhecer no ciclo das políticas públicas momentos de inclusão de demandas, planejamento, implementação e avaliação;
+ identificar atores sociais no ciclo das políticas públicas, como membros e organizações da sociedade civil e do Estado.

As políticas públicas integram um conjunto das ações governamentais que afetam toda a sociedade e que promulgam diretrizes e decisões para as áreas social, de infraestrutura, ambiental e econômica, entre outras. Esse conjunto de iniciativas são uma forma de planejamento governamental que visa coordenar os meios e recursos à disposição do Estado e do setor privado, assim como as atividades destes, para a realização de objetivos e ações "socialmente relevantes e politicamente determinados" (Bucci, 2002, p. 241).

Em outras palavras, podemos afirmar que políticas públicas implicam atividade de organização do poder e que são instrumentos de ação do governo, com as seguintes características:

- Supõem a fixação de metas, diretrizes ou planos governamentais;
- Distribuem bens públicos;
- Transferem bens desmercadorizados;
- Estão voltadas para o interesse público, que é pautado nos embates entre interesses sociais contraditórios, ou seja, sobrevivência *versus* desejo de obtenção de capital e lucro;
- São a base de legitimação do Estado.

Saiba agora como as políticas públicas são organizadas e incluídas em áreas e setores.

5.1 *Áreas e setores*

Embora a disposição em áreas e setores de políticas seja útil para a compreensão da abrangência destas e também para o ordenamento da gestão pública, isso não significa que tal classificação seja estanque. Ao contrário: como uma política pública está estreitamente vinculada a outra, a separação entre elas – no que se refere a planejamento, orçamento e execução – compromete o alcance da finalidade principal de todas elas, individualmente e em conjunto: promover condições concretas de cidadania.

Uma forma de organização de áreas e setores de políticas públicas – que podem ser urbanas ou rurais – distingue estas por afinidades temáticas e por desmembramentos internos, como você pode observar a seguir:

- Política ambiental:
  - controle ambiental;
  - recursos hídricos;
  - parques, áreas verdes e áreas de proteção;
  - recursos naturais;
  - resíduos sólidos.
- Política cultural:
  - artes plásticas, teatro, cinema, música;
  - patrimônio cultural (equipamentos, monumentos, folclore).
- Política econômica:
  - trabalho;
  - finanças públicas;
  - desenvolvimento econômico local;
  - arranjos produtivos locais;
  - setores (agricultura, comércio, indústria).
- Política social: No Brasil, é mais comum utilizarmos a expressão no plural: *políticas sociais*. É importante ressaltar que esse tratamento não implica negarmos a unicidade da área ou confundirmos esta com os setores. São eles:
  - assistência social;
  - habitação;
  - trabalho;
  - saúde;
  - educação;
  - previdência social;
  - segurança alimentar e nutricional.

- Política de defesa de direitos específicos de:
  - crianças, adolescentes e jovens;
  - idosos;
  - mulheres e homossexuais;
  - etnias;
  - pessoas com deficiência;
  - consumidores.
- Política de infraestrutura:
  - energia;
  - transporte;
  - telecomunicações, saneamento.
- Política de uso e ocupação do solo:
  - ordenamento do território;
  - preservação e recuperação ambiental;
  - atividades econômicas;
  - zoneamento.

Evidentemente, entre todas as políticas públicas mencionadas, as de maior interesse para a gestão pública de serviços sociais são as sociais.

Para saber mais

Para ampliar o entendimento sobre políticas sociais, sugerimos para você a leitura dos seguintes textos:

BEHRING, E. R.; BOSCHETTI, I. *Política social*: fundamentos e história. São Paulo: Cortez, 2007.

DRAIBE, S. Welfare State no Brasil: características e perspectivas. *Cadernos de Pesquisa Nepp*, Campinas, n. 8, 1998. Mimeografado.

5.2 Legislação

Salientamos que todas as políticas públicas estão no âmbito do direito e da lei. Portanto, existe uma estreita conexão entre direitos, Constituição, leis e políticas públicas.

As políticas públicas são formas de aplicação dos artigos constitucionais e das leis que os regulamentam. Observe no Quadro 5.1 a relação entre artigos da Constituição Federal de 1988 (Brasil, 1988) e temas de políticas públicas*.

Quadro 5.1 – Relação entre artigos da Constituição Federal de 1988 e temas de políticas públicas

Artigos	Temas
Art. 193	Disposição geral
Art. 1º	Fundamentos: • cidadania • dignidade da pessoa humana • valores sociais do trabalho e da livre iniciativa
Art. 170	Valorização do trabalho como condição de existência digna
Arts. 194 a 204	Seguridade social
Arts. 196 a 200	Saúde
Arts. 201 e 202	Previdência
Arts. 203 e 204	Assistência social
Arts. 205 a 217	Educação, cultura e desporto
Arts. 218 e 219	Ciência e tecnologia
Arts. 220 a 224	Comunicação social
Art. 225	Meio ambiente
Arts. 226 a 230	Família, crianças, adolescentes e idosos
Arts. 231 e 232	Índios

✦ ✦ ✦

* Agradeço a Fabiane Bessa, que contribuiu com indicações de artigos e leis.

Os artigos constitucionais são regulamentados com base em leis. Estas, por sua vez, direcionam e estabelecem normativas para as políticas públicas. Ao examinar o Quadro 5.2, você irá conhecer exemplos de leis ligadas a algumas políticas sociais e a artigos da Carta Magna.

Quadro 5.2 – Legislação social e artigos da Constituição Federal de 1988

Lei	Artigos da Constituição Federal de 1988
Lei Orgânica da Saúde (LOS): Lei nº 8.080, de 19 setembro de 1990 (Brasil, 1990b)	Arts. 196 a 200: Saúde
Lei Orgânica da Assistência Social (Loas): Lei nº 8.742, de 7 de setembro de 1993 (Brasil, 1993)	Arts. 203 e 204: Assistência social
Lei de Diretrizes e Bases da Educação Nacional (LDBEN): Lei nº 9.394, de 20 de dezembro de 1996 (Brasil, 1996)	Arts. 205 a 214: Educação
Estatuto da Criança e do Adolescente (ECA): Lei nº 8.069, de 13 de julho de 1990 (Brasil, 1990a) Estatuto do Idoso: Lei nº 10.741, de 1º de outubro de 2003 (Brasil, 2003)	Arts. 226 a 230: Família, criança, adolescente e idoso

A lei estabelece os objetivos de uma política pública, além dos instrumentos institucionais para a sua realização e outras condições de implementação, inclusive no direcionamento de programas, projetos e serviços sociais.

É importante você observar que a implementação das políticas públicas depende, em grande parte, das finanças públicas, uma vez que os recursos destinados a uma política têm consequências sobre a aplicabilidade e o alcance efetivo dos artigos constitucionais.

Figura 5.1 – Vínculo entre direitos, legislação e políticas públicas

```
           Direitos
       ↗           ↘
  Serviços          Legislação
  sociais               ↓
      ↑            Políticas
  Programas/ ←     públicas
  projetos
```

Uma política pública é financiada por recursos federais, estaduais e/ou municipais. Os programas e os serviços previstos nessa política e que são desenvolvidos pelos órgãos de Estado ou pelas entidades sociais privadas com fins públicos podem ter recursos acrescidos, provenientes de doações de pessoas físicas, jurídicas nacionais ou estrangeiras e de organizações sociais nacionais ou internacionais.

Para cada área e setor da política são estabelecidos a fonte e o montante dos recursos disponíveis no orçamento público. A variação do orçamento destinado a cada uma das políticas públicas nem sempre tem a ver com as demandas e as necessidades. Por exemplo: no Brasil, há uma grande demanda por habitação social e transferência de renda, mas os recursos destinados a essas áreas são insuficientes.

Na verdade, na composição da legislação e do orçamento de uma política, entram em jogo disputas de interesse que exigem capacidade de organização e participação dos grupos sociais envolvidos.

Portanto, as políticas públicas são uma forma de intervenção na vida social, estruturada com base em processos de articulação de consenso e de embate entre atores sociais com interesses diversos, decorrentes de suas posições diferenciadas nas relações econômicas e políticas.

> **Para saber mais**
>
> Para você saber mais sobre finanças públicas locais, leia o seguinte texto:
>
> SOUZA, C. Governos locais e gestão de políticas sociais universais. *São Paulo em perspectiva*, São Paulo, v. 18, n. 2, p. 27-41, abr./jun. 2004. Disponível em: <http://www.scielo.br/pdf/spp/v18n2/a04v18n2.pdf>. Acesso em: 13 abr. 2011.
>
> Para reforçar seus conhecimentos, é interessante que você também pesquise e verifique qual a fonte dos recursos financeiros de programas ou projetos sociais que você conheça.

5.3 Ciclos das políticas públicas

Como já afirmamos anteriormente, as políticas públicas são competência do Estado. No entanto, a sociedade civil conquistou espaços e engendrou estratégias para participar da formulação, do acompanhamento, da fiscalização e da implementação daquelas, ou, em outras palavras, para participar em vários momentos do ciclo das políticas públicas, conforme você pode observar na Figura 5.2.

Grupos de pressão (ou *lobby*), igrejas, mídia, empresas, movimentos sociais e os próprios representantes governamentais, entre outros, manifestam demandas e propostas para a direção da vida social que podem fazer parte da agenda do Estado para a formulação de políticas públicas. Organizações não governamentais (ONGs), conselhos e fóruns participam, ao lado de gestores e técnicos dos órgãos do Estado, do planejamento e da elaboração de políticas públicas. Além disso, a sociedade civil também partilha da implementação, da fiscalização e

Figura 5.2 – *Ciclo das políticas públicas*

```
Inclusão de demandas na arena          Planejamento da política
política e na agenda pública           Atores sociais:
Atores sociais: Movimentos             Órgãos do Estado
sociais, organizações não              e participação da
governamentais (ONGs), mídia,          sociedade civil
partidos políticos, governo

            Implementação de política/
            programa/projeto/serviços
                   Avaliação
                Atores sociais:
             Órgãos do Estado e
        participação da sociedade civil
```

do controle das políticas por meio de conselhos, conferências, movimentos e instituições anteriormente citados.

De forma geral, as políticas têm um ciclo que compreende desde a inclusão da demanda na arena pública, passando pelo planejamento e pela execução, até o processo de avaliação e reformulação diante de novas demandas identificadas (Barreira, 2000). Uma gestão democrática de políticas busca fortalecer a participação social nesses vários momentos, entendendo que

> a gestão das políticas sociais só poderá produzir respostas consistentes se e quando as pressões e reivindicações dos movimentos da sociedade civil organizada conseguirem penetrar na agenda estatal, transformando demandas sociais em políticas públicas que assegurem o alargamento e a consolidação da cidadania para as maiorias. (Raichelis; Rico, 1999, p. 10)

Em razão disso, no próximo capítulo destacaremos os espaços e os instrumentos de participação social.

Síntese

Políticas públicas são formas de planejamento governamental. Elas envolvem atores sociais, meios e recursos do Estado e do setor privado. De modo geral, as políticas públicas têm um ciclo que se inicia com demandas e inclusão de temas na agenda pública, que passa pelo planejamento e pela implementação, sendo finalizado com a avaliação da referida política (que pode abrir um novo ciclo). Em cada momento desse ciclo, são alocados os recursos e os meios e também são inseridos os atores específicos responsáveis pela já citada iniciativa.

As políticas públicas são organizadas em áreas, como políticas econômicas, sociais e de infraestrutura. Essas áreas estão organizadas em setores, como políticas de transporte, de exportação e de educação. Observamos que essas áreas e esses setores estão vinculados e têm impactos mútuos na realidade social, podendo ser organizados e administrados de forma articulada. Nesta discussão, você pôde compreender a vinculação entre legislação e políticas públicas, além de perceber que é a legislação social que direciona as políticas sociais.

Questões para revisão

1. Como podemos definir a expressão *política pública*?

2. Descreva o ciclo geral das políticas públicas e as especificidades deste.

3. Assinale a alternativa que completa corretamente a seguinte afirmação:

   Políticas públicas são:
   a) ações da sociedade civil e dos órgãos internacionais, sem a participação do Estado, que visam à realização de ações de interesse público.

b) formas de planejamento governamental em que podem haver a participação da sociedade civil para a realização de objetivos e ações com conteúdo público.
c) formas de planejamento de empresas e de ONGs que visam amenizar os problemas sociais e obter isenções ou abatimentos de impostos.
d) formas de planejamento governamental para a realização de ações públicas voltadas aos interesses particulares do governante.
e) formas de planejamento de instituições privadas para a realização de ações públicas voltadas aos interesses do setor privado.

4. As políticas públicas e seus desdobramentos em outras ações públicas têm relação com direitos e leis. Indique a seguir a sequência ideal que representa a relação entre esses elementos:
a) Direitos – projetos – políticas públicas – programas – legislação – serviços públicos.
b) Políticas públicas – direitos – legislação – programas – projetos – serviços públicos.
c) Direitos – legislação – políticas públicas – programas – projetos – serviços públicos.
d) Legislação – políticas públicas – programas – direitos – serviços públicos – projetos.
e) Serviços públicos – políticas públicas – direitos – legislação – programas – projetos.

5. As políticas públicas são organizadas e, muitas vezes, também administradas de acordo com uma divisão em áreas e setores. Exemplos de setores da área da política social são:
a) saúde, meio ambiente, previdência social, assistência social, telecomunicações, trabalho, esporte e segurança pública.
b) saúde, habitação, educação, previdência social, assistência social, segurança alimentar e nutricional e trabalho.

c) saneamento, habitação, educação, previdência social, agricultura, trabalho, zoneamento e segurança portuária.
d) saúde, educação, previdência social, assistência social, comércio exterior, economia e segurança pública.
e) habitação, meio ambiente, educação, agricultura, previdência social, economia e segurança pública.

Questões para reflexão

1. A quem ou a que grupo compete as políticas públicas?

2. Quais são os espaços e os instrumentos de participação social no Brasil?

capítulo seis

Participação social

Conteúdos do capítulo:

+ Significado da participação social;
+ Formas de participação social.

Após o estudo deste capítulo, você será capaz de:

+ debater sobre o tema PARTICIPAÇÃO SOCIAL;
+ distinguir formas de participação social, como conselho, conferência, orçamento participativo (OP), audiência pública, iniciativa popular, plebiscito, referendo, organização não governamental (ONG), fórum e movimento social.

Derivada do latim, a palavra *participar* tem, entre seus significados, o de "tomar parte em; compartilhar" (Houaiss; Villar; Franco, 2009, p. 1.438). Logo, participação social significa "fazer parte de uma sociedade", isto é, usufruir dos bens e dos recursos sociais, direcionar os rumos dessa sociedade ou participar da riqueza social e cultural e do acesso aos recursos, além de participar da gestão pública e da política. Outro sentido para a expressão *participação social* está vinculado à atuação das organizações e dos movimentos sociais que têm reivindicações e atividades ligadas às carências, à justiça social, aos direitos, à elaboração de políticas e até às alternativas de sociedade, ou seja, que visam a transformações sociais.

Dessa maneira, a participação social está relacionada à sociedade civil organizada – da qual fazem parte, por exemplo, movimentos sociais e fóruns – e a algumas organizações da sociedade civil, como alguns tipos de ONGs.

> As duas interpretações sobre a expressão anteriormente analisada são, na realidade, vinculadas uma à outra. Porém, neste capítulo enfatizamos a segunda, pois, na atualidade, a gestão pública de serviços sociais incentiva o estreitamento da relação entre Estado e organizações da sociedade civil. Esse é um modo de arquitetar a governabilidade por meio da participação da sociedade civil na gestão pública.

A participação da sociedade encerra aspectos contraditórios. Por um lado, pode contribuir com concepções e políticas voltadas para diminuir a responsabilidade social do Estado. Por outro, pode aprofundar o compromisso social e a solidariedade política.

No Brasil, a Constituição Federal de 1988 estabeleceu parâmetros para a participação da sociedade nas três esferas de governo – federal, estadual e municipal – e um novo pacto federativo. Essa reordenação do papel do Estado com ênfase na municipalização, que atribui e transfere competências aos municípios (Arretche, 2003), possibilitou também a ampliação do espaço público, no qual emergem conflitos e contradições. Todavia, é nesse espaço que pode haver o reconhecimento de interesses plurais e estratégias de lutas e consensos sobre questões conjunturais e projetos de sociedade (Kauchakje, 2006).

As inovações democráticas introduzidas pela Constituição (Brasil, 1988), tais como os conselhos de políticas, agregadas às formas históricas de participação – movimentos sociais, principalmente –, são mecanismos e espaços de participação social, entre os quais podemos destacar os mais representativos, que serão detalhados em seção específica mais adiante:

- conselho;
- iniciativa popular;
- audiência pública;
- plebiscito;
- referendo;
- orçamento participativo;
- conferência de políticas;
- organização não governamental (ONG);
- fórum;
- movimento social.

Esses diversos formatos e experimentos de participação social têm importância destacada na gestão pública, mais precisamente na gestão e no controle de políticas públicas, porque representam:

- lutas sociais (por direitos e autonomia);
- proposição de leis, políticas, programas, projetos e alternativas de sociedade;
- pactuação diante dos conflitos de interesses;
- fiscalização e controle da sociedade civil em relação às ações do Estado;
- interlocução, consulta e/ou deliberação (Kauchakje, 2004-2005; Kauchakje, 2005).

Com base nessa noção sobre participação social, podemos descrever algumas de suas formas e expressões mais usuais.

6.1 Formas de participação social

Cada uma das formas de participação tem características e elementos particulares. É importante que você os conheça, mesmo que resumidamente, para que possa antecipar as potencialidades e os limites de influência desses fatores na gestão de políticas e serviços sociais.

Conselhos

São espaços de articulação entre diferentes atores sociais, de controle e/ou oposição social às ações do Estado. Os conselhos fazem parte da história das lutas sociais. Nesse caso, são emblemáticos os chamados *conselhos populares*: formados com base nos próprios movimentos sociais, caracterizam-se como força política que não se vincula a instituições ou órgãos do Estado.

> Na gestão pública brasileira, foi incentivada, a partir dos anos 1980, a formação de conselhos, que, de alguma maneira, inseriram-se na própria estrutura do Estado, isto é, tornaram-se institucionalmente reconhecidos, com competências definidas em estatuto legal. Alguns conselhos são deliberativos, enquanto outros são consultivos. Alguns são paritários – com número igual de representantes da sociedade civil e governamental –, outros não. A maior parte dos conselhos é formada nas escalas nacional, estadual e municipal e sua existência no âmbito das políticas condiciona o repasse das verbas orçamentárias. Os conselhos de assistência social, saúde e educação, por exemplo, atuam nas três esferas de governo, são paritários e deliberativos.

Como exemplo, podemos citar o Conselho de Assistência Social, criado pela Lei nº 8.742, de 7 de setembro de 1993 (Brasil, 1993), também conhecida como *Lei Orgânica da Assistência Social* (Loas). Tem como objetivo atuar diretamente na Política Nacional de Assistência Social (PNAS) e sua missão consiste em "Promover o controle social sobre a política pública de assistência social, contribuindo para o seu permanente aprimoramento em consonância com as necessidades da população brasileira" (CNAS, 2011).

Os conselhos têm o objetivo de participar do planejamento, da fiscalização, do controle e da operacionalização das políticas e das ações de responsabilidade do Estado (Raichelis, 1998; Tatagiba, 2002; Raichelis; Wanderley, 2004). Eles podem ser divididos em:

- **Conselhos de políticas públicas setoriais**: Formados por representantes da sociedade civil e do governo, estão voltados para a formulação, a implementação e o monitoramento de políticas públicas referentes à saúde, à educação, à assistência social e ao trabalho, entre outras. Em relação à abrangência, podem ser municipais, estaduais ou federais.
- **Conselhos de políticas públicas por direitos específicos**: Com representantes da sociedade civil e do governo, estão voltados para a implementação e o monitoramento de políticas de direitos e grupos sociais específicos. Alguns exemplos são os direitos humanos, de grupos étnicos, da mulher, da pessoa com deficiência, da criança, do adolescente e dos idosos.
- **Conselhos de programas**: Formados por representantes da sociedade civil, geralmente estão vinculados à operacionalização de ações governamentais específicas, como distribuição de alimentos, vestuário e medicamentos. Tais ações podem ser também de orientação, identificação e registro de situações de vulnerabilidade e risco, bem como tomada de providências nesses casos.
- **Conselhos tutelares**: Atuam na rede de proteção da criança e do adolescente.

- **Conselhos populares**: São formas de mobilização social em torno de interesses temáticos, como saúde e segurança.
- **Conselhos comunitários**: Geralmente são articulados às associações de bairro e aos movimentos populares. Dedicam-se a ações reivindicatórias ligadas aos interesses de uma localidade.

Para saber mais

Caso você queira aprofundar-se no tema referente aos tipos de conselhos existentes e suas especificidades, sugerimos a leitura da seguinte obra:

GOHN, M. da G. *Conselhos gestores e participação sociopolítica*. São Paulo: Cortez, 2001.

Além de realizar a leitura desta e de outras obras, você pode também participar de conselhos, como o tutelar e o de segurança, existentes em sua cidade. Você pode também participar em sua cidade de conselhos, como o tutelar e o de segurança, ou ainda de outros conselhos de políticas públicas setoriais voltadas a mulheres ou idosos, ou simplesmente observar essas ações.

Iniciativa popular

De acordo com o art. 61 da Constituição Federal de 1988 (§ 2º, Brasil, 1988):

> a iniciativa popular pode ser exercida pela apresentação à Câmara dos Deputados de projeto de lei subscrito por, no mínimo, um por cento do eleitorado nacional, distribuído pelo menos por cinco Estados, com não menos de três décimos por cento dos eleitores de cada um deles.

Podemos observar, portanto, que se trata de um dispositivo que permite à população propor leis, que devem ser apresentadas para aprovação, alteração ou rejeição.

Audiência pública

Nos municípios, nos estados e na Federação, a audiência pública é o momento em que os representantes governamentais dos poderes Executivo, Legislativo e do Ministério Público debatem com a sociedade civil. Os temas em pauta centram-se nos direitos coletivos e dizem respeito à elaboração, aos resultados e à prestação de contas referentes a uma política pública, um projeto de lei ou a atividades e serviços passíveis de impacto socioambiental.

É um mecanismo de publicização e transparência dos atos do Estado que, por um lado, permite que os representantes da sociedade civil exerçam o controle da administração pública e, por outro, possibilita que os representantes do Estado obtenham legitimidade para suas ações.

Plebiscito

Trata-se de um instrumento de consulta à coletividade. Sua origem remonta à antiga Roma, onde a plebe era a camada social popular e numerosa, distinta da elite econômica e política, formada pelos supostos descendentes dos fundadores da cidade.

Por meio do plebiscito, acontece a manifestação e a deliberação direta da população sobre um tema de interesse público, o que gera grandes alterações nas relações sociais, econômicas e políticas, pois trata-se de um instrumento político que interfere diretamente na aprovação, ou rejeição, da instituição ou alteração de uma lei ou de qualquer outro ato governamental.

Referendo

Prática que permite a manifestação e a deliberação popular, por ratificação ou rejeição – sim ou não – sobre um tema de interesse público. Contudo, é um instrumento implementado após a instituição ou alteração de uma lei ou de um ato governamental de outra ordem.

Orçamento participativo

A participação popular no orçamento público consiste em uma iniciativa que visa conferir à população o poder de deliberar sobre investimentos em obras e serviços a serem realizados pelo Estado. Representantes da sociedade civil são chamados a debater entre si e com representantes governamentais sobre os problemas e as prioridades que requerem alocação dos recursos financeiros disponíveis para fins determinados nas rubricas orçamentárias.

> **Para saber mais**
>
> Caso você queira saber mais sobre orçamento participativo, algumas experiências sobre esse instrumento são apresentadas no seguinte texto:
>
> AVRITZER, L. O orçamento participativo em Belo Horizonte e Porto Alegre. In: DAGNINO, E. (Org.). *Sociedade civil e espaços públicos no Brasil.* São Paulo: Paz e Terra, 2002. p. 17-45.

Conferência de políticas

As conferências, que acontecem em âmbito municipal, estadual e federal, são espaços de gestão de políticas públicas e reúnem governo e sociedade civil organizada. Os objetivos principais das conferências são: AVALIAR OS ENCAMINHAMENTOS ANTERIORES DA POLÍTICA ESPECÍFICA – inerente à educação, à assistência social, à criança e ao

adolescente, por exemplo – e TRAÇAR DIRETRIZES E METAS QUE SUB-
SIDIEM O PLANEJAMENTO DA POLÍTICA NUM PRÓXIMO PERÍODO DE
GESTÃO.

Um exemplo bastante significativo dessa iniciativa é a 2ª Conferência Nacional de Políticas para as Mulheres, realizada em Brasília, Distrito Federal, em 2007, que teve o objetivo de discutir sobre a participação da mulher nos mais diferentes âmbitos da sociedade (Brasil, 2007).

> **Para saber mais**
>
> Caso você queira saber mais a respeito do evento anteriormente citado, acesse os parâmetros de textos e roteiros de discussão da referida conferência:
>
> BRASIL. Secretaria Especial de Políticas para as Mulheres. *Textos e roteiros de discussão para as Conferências Estaduais de Políticas para as mulheres*. Brasília: Secretaria Especial de Políticas para as Mulheres, 2007. Disponível em: <http://200.130.7.5/spmu/docs/doc_base_iicnpm.pdf>. Acesso em: 1º jun. 2011.

Organizações não governamentais (ONGs)

A expressão *organização não governamental* (ONG) foi cunhada pela Organização das Nações Unidas (ONU) na década de 1940. Porém, as ONGs tiveram maior repercussão somente a partir dos anos 1980, com a perspectiva das parcerias na gestão pública. ONGs podem ser definidas como ORGANIZAÇÕES, ASSOCIAÇÕES E FUNDAÇÕES DE DIREITO PRIVADO QUE REALIZAM AÇÕES DE INTERESSE PÚBLICO, SEM FINS LUCRATIVOS. Com base em Gohn (2005) e Scherer-Warren (2006), classificamos as ONGs da seguinte forma:

- **Movimentalista ou ativista**: É um tipo de ONG engajada em mobilizações e movimentos sociais. Pode ter vínculos com setores de partidos políticos, igrejas e empresas cujos propósitos sociopolíticos são ligados à defesa de direitos e ao fortalecimento da participação social. Geralmente realizam projetos de assessoria e educação popular. O Instituto Brasileiro de Análises Sociais e Econômicas (Ibase) e a Federação de Órgãos para a Assistência Social e Educacional (Fase) são exemplos desse tipo de ONG.
- **Filantrópica**: As ONGs desse tipo podem ser **laicas** ou **confessionais**. Envolvem-se em ações e prestações de serviços sociais com caráter de beneficência, que são destinados, em geral, aos grupos sociais empobrecidos. Quando laicas, tais **ações são desenvolvidas por motivações solidárias e humanitárias**, como no caso da Associação de Pais e Amigos dos Excepcionais (Apae); quando confessionais, as **ações e prestações de serviços sociais são ligadas a igrejas e norteadas por princípios religiosos**, como no caso da Pastoral da Criança.
- **Empresarial**: São ONGs fundadas e apoiadas por empresas para realizar ações de responsabilidade social empresarial, geralmente na área socioambiental. Alguns exemplos são a Fundação O Boticário, a Fundação Bradesco e a Fundação Roberto Marinho.

Cada um desses tipos de ONGs recebe ainda uma subclassificação, de acordo com o que segue:

- De prestação de serviços: São ONGs que realizam ações destinadas à oferta de serviços e de bens materiais e educacionais. Um exemplo é o Centro de Integração do Idoso São Vicente de Paulo.
- De assessoria ou produtora de conhecimento: São ONGs que auxiliam no desenvolvimento de ações de outras ONGs, órgãos privados ou públicos e também de movimentos sociais. Quando produtoras de conhecimento, essas organizações divulgam e colocam à disposição conteúdos referentes, em

sua maioria, a temas socioambientais e políticos. É o caso do Instituto Brasileiro de Análises Sociais e Econômicas (Ibase) e da Federação de Órgãos para a Assistência Social e Educacional (Fase).

Portanto, uma ONG como a Apae pode ser classificada, por extensão, como FILANTRÓPICA LAICA DE PRESTAÇÃO DE SERVIÇOS. Já o Centro de Formação Urbano Rural Irmã Araújo (Cefuria) seria, conforme essa classificação, MOVIMENTALISTA DE ASSESSORIA E PRESTAÇÃO DE SERVIÇOS, tendo iniciado seus trabalhos como uma organização de princípios religiosos-confessionais.

Algumas ONGs recebem a qualificação oficial de ORGANIZAÇÃO DA SOCIEDADE CIVIL DE INTERESSE PÚBLICO (OSCIP). Essas instituições promovem ações sociais, culturais e ambientais de interesse público. Suas diretorias podem ser remuneradas e é permitida a criação de parcerias com órgãos da administração pública.

Fóruns

São formados com base em redes temáticas e aglutinações de múltiplos sujeitos individuais e coletivos, como associações, movimentos e organizações sociais. Os fóruns ampliam os espaços públicos local, nacional e transnacional, fomentando o debate e a articulação de propostas sobre questões ligadas aos direitos, à política e à economia, bem como a temas relacionados, como reforma urbana, educação e agricultura familiar, entre outros.

Movimentos sociais

Movimentos sociais podem ser considerados o cerne e a matriz das outras formas de participação sociopolítica cuja perspectiva é o controle e a direção da ação histórica.

Os elementos que formam um movimento social são: contestação ou protesto, organização das ações, ideologia, objetivo e projeto de sociedade. Nesse sentido, essa forma de participação social se constitui um dos principais responsáveis pelas conquistas, pelas garantias e pela ampliação dos direitos.

Os movimentos sociais podem acontecer tanto nos meios urbanos quanto nos rurais, podendo ter alcance local ou global (Kauchakje, 1997). Entre os vários tipos de movimentos sociais, consideramos os seguintes:

- **Movimentos de trabalhadores**: Possuem demandas relativas ao mundo do trabalho, vinculadas ou não a projetos societários de cunho político-ideológico.
- **Movimentos populares**: Reivindicam equipamentos e serviços sociais. Podem ou não manifestar projetos societários de cunho político-ideológico.
- **Movimentos de elites econômicas**: Defendem interesses e políticas públicas que promovam a manutenção das condições econômicas estabelecidas, o que configura a situação de elite no campo econômico.
- **Movimentos ambientalistas**: Reivindicam a estruturação de políticas e mudanças culturais para a preservação e sustentabilidade ambiental e da biodiversidade.
- **Movimentos relacionados às diversidades identitárias e culturais**: Podem estar ligados a questões de gênero (mulheres e homossexuais, principalmente), étnicas (especialmente negros e indígenas no Brasil), de deficiência e de ciclo de vida (crianças, adolescentes e idosos), entre outras.
- **Oscips**: Promovem ações sociais, culturais e ambientais de interesse público.
- **Movimentos ideológicos**: Defendem ideologias relativas a doutrinas ou sistemas políticos, como socialismo, liberalismo e anarquismo.
- **Movimentos culturais**: Manifestam valores, identidades e modos de vida que, muitas vezes, são divergentes ou desviantes do hegemônico na sociedade. São exemplos conhecidos os movimentos *hippie* e *punk*.

Observe que os elementos que caracterizam esses tipos de movimentos apresentam-se emaranhados na realidade social. As classificações identificam os aspectos mais característicos de um movimento social, os quais, todavia, não esgotam a singularidade deste. Isso está ilustrado na tipificação de alguns movimentos sociais atuantes na sociedade brasileira:

- **Movimento dos Trabalhadores Sem Terra (MST)**: Movimento de trabalhadores rurais.
- **Movimento Ruralista**: Movimento de elites econômicas.
- **Movimento Nacional de Meninos e Meninas de Rua**: Movimento popular relacionado ao ciclo de vida.
- **Movimento Nacional de Luta pela Moradia**: Movimento popular.
- **Movimento Estudantil**: Movimento ligado a identidades ideológicas, podendo ser também popular de luta por equipamentos e serviços educacionais.

Para saber mais

Você aprenderá mais sobre as formas de participação popular com a leitura da seguinte obra:

BENEVIDES, M. V. de M. *A cidadania ativa*: referendo, plebiscito e iniciativa popular. São Paulo: Ática, 1998.

Além do que estudamos neste capítulo, você também pode complementar suas leituras sobre movimentos sociais, fóruns e ONGs. Para isso, a primeira indicação que fazemos é a da seguinte obra:

GOHN, M. G. *O protagonismo da sociedade civil*: movimentos sociais, ONGs e redes solidárias. São Paulo: Cortez, 2005.

Recomendamos também os seguintes textos:

> KAUCHAKJE, S. Solidariedade política e constituição de sujeitos: a atualidade dos movimentos sociais. *Sociedade e Estado*, Brasília, v. 23, p. 667-696, dez. 2008.
>
> SCHERER-WARREN, I. Das mobilizações às redes de movimentos sociais. *Sociedade e Estado*, Brasília, v. 21, n. 1, p. 109-130, jan./abr. 2006.

A partição que agrega e potencializa conhecimentos, saberes, recursos e práticas de pessoas e organizações do Estado e da sociedade civil é fortalecida por um modo de gestão que podemos caracterizar como PÚBLICA e DEMOCRÁTICA.

Síntese

Podemos entender *participação social* como o ato de tomar parte no direcionamento da sociedade e na gestão pública. Podemos também atribuir à expressão o significado de construir, ter acesso e usufruir da riqueza cultural e material, assim como dos recursos da sociedade. O conceito de participação social, no entanto, está normalmente ligado à organização da sociedade civil em formatos como movimentos sociais, fóruns, conselhos e ONGs.

Questões para revisão

1. Como podemos interpretar o significado *de participação social?*

2. Quais os tipos de ONGs e quais as suas características?

3. Assinale a alternativa que completa a afirmação a seguir de forma correta.

A participação da sociedade na gestão pública é importante porque:

a) a população não consegue fiscalizar ou controlar as políticas públicas, mas pode realizar projetos e serviços públicos.
b) ações sociais são assuntos e responsabilidades exclusivos da sociedade civil.
c) a população participa do controle, da proposição e da implementação de políticas, programas, projetos e serviços públicos.
d) ações sociais públicas são responsabilidade exclusiva do Estado.
e) Nenhuma das alternativas anteriores.

4. Assinale a resposta que completa a afirmação a seguir de forma correta.

Conselhos de políticas públicas são compreendidos como:

a) espaços de participação social na formulação e implementação das políticas públicas municipais, estaduais e nacionais, por meio de representantes da sociedade civil e do governo.
b) forma de aconselhamento do Estado para que a sociedade compreenda e colabore nas políticas públicas implementadas no âmbito municipal, estadual e federal.
c) forma de participação da população organizada, sem representantes governamentais, para que sejam decididas e implementadas as políticas públicas municipais, estaduais e nacionais.
d) espaços de participação das ONGs, com o objetivo de angariar os recursos públicos para participar da implementação de políticas públicas municipais, estaduais e nacionais.
e) Nenhuma das alternativas anteriores.

5. Organizações não governamentais (ONGs) são compreendidas como:
   a) fundações e associações sem fins lucrativos, de direito público, que realizam ações de interesse público.
   b) fundações e associações sem fins lucrativos, de direito privado, que realizam ações de interesse privado.
   c) fundações e associações com fins lucrativos, de direito privado, que realizam ações de interesse público.
   d) fundações e associações com fins lucrativos, de direito público, que realizam ações de interesse privado.
   e) fundações e associações sem fins lucrativos, de direito privado, que realizam ações de interesse público.

Questões para reflexão

1. A gestão pública e democrática seria o único modo de gestão social? Existem outras modalidades de gestão social? Quais seriam?

2. Reflita sobre a realidade social brasileira. Qual modo de gestão social você considera mais adequado atualmente? Justifique sua resposta.

capítulo sete

Modalidades de gestão social

Conteúdos do capítulo:

- Modalidades de gestão social;
- Gestão social e democratização;
- Tipos de redes sociais.

Após o estudo deste capítulo, você será capaz de:

- reconhecer as modalidades de gestão social;
- compreender as especificidades das gestões particularista-patrimonial, tecnoburocrática, gerencial, participativa-societal e em rede;
- compreender os diferentes tipos de redes sociais;
- identificar as relações entre as modalidades de gestão social e a democratização.

Como você já pôde observar no decorrer desta obra, a gestão social envolve recursos materiais e financeiros, além de atores do setor público e privado. Os objetivos da gestão social – que inclui políticas, programas, projetos e serviços sociais – estão atrelados aos direitos sociais. A maneira como os recursos materiais, financeiros e humanos são geridos, assim como a cultura política dos gestores sobre os direitos, determinam os contornos e o conteúdo dos diferentes modos de gestão. Com base nesses elementos – gestão dos recursos e dos valores referentes aos direitos – e considerando a literatura que será apresentada ao longo deste capítulo, definimos cinco modelos de gestão: particularista-patrimonial, tecnoburocrática, gerencial, participativa-societal e em rede. Veja as especificidades de cada um desses modelos a seguir.

7.1 Modelos de gestão social

Os modelos de gestão perpassam a cultura política brasileira como tendências que se entrecruzam e predominam em momentos históricos diferentes. É esperado que nos órgãos governamentais e não governamentais seja possível identificar um *mix* de elementos de alguns dos seguintes tipos de gestão social que você verá nas seções a seguir.

Gestão particularista-patrimonial

Fundamentada na própria formação sócio-histórica brasileira, a gestão particularista-patrimonial é caracterizada pelo uso privado dos recursos do Estado. Isso implica o privilégio de alguns grupos na gerência de políticas públicas, assim como a concessão e o usufruto de seus benefícios, o que também é chamado de *clivagem de classe das políticas públicas*. Pode ocorrer, ainda, a alocação de recursos públicos – financeiros, humanos, materiais e de informação – de acordo com interesses particulares.

✦ ✦ ✦

Isto demonstra confusão entre "público" e "privado" e dá lugar ao fenômeno de corrupção na administração pública, conforme você pode acompanhar pela divulgação em notícias na mídia.

✦ ✦ ✦

No âmbito das organizações públicas, esse modelo de gestão não conta com a noção de garantia de direitos pelas ações públicas, ou esta se apresenta em baixo nível. No âmbito das organizações do Terceiro Setor, ou seja, entre as organizações não governamentais (ONGs), o elo entre as atividades sociais e as políticas públicas não é explicitado, mesmo que tais ações obtenham recursos públicos e que as ONGs sejam instituídas legalmente para a realização de ações de interesse público. No modelo particularista-patrimonial, as ações dessas entidades são geridas como se fossem um empreendimento privado dos gestores, no qual A POPULAÇÃO-ALVO É VISTA COMO CARENTE E SUJEITADA, cuja participação acontece somente no sentido de cooperação e aceitação das atividades planejadas.

Gestão tecnoburocrática

Trata-se de um processo de gestão que privilegia as decisões e o uso de recursos baseados tanto no conhecimento técnico e de especialistas no tema da política pública quanto nas diretrizes legais. Por um lado, esse processo possibilita o afastamento de interesses estritamente particulares no uso dos recursos públicos; por outro, promove certa aparência de despolitização dos processos decisórios relativos às prioridades das políticas e dos serviços, aos recursos disponíveis, aos territórios privilegiados e à população destinatária. Isso porque as decisões são justificadas por terem passado pelo crivo da racionalidade tecnocrática.

A gestão tecnoburocrática predominou no Brasil no período da ditadura militar (1964-1985). Nesse modelo de gestão, A

POPULAÇÃO-ALVO É RECEPTORA DAS AÇÕES: sua participação é vista como benéfica quando restrita à divulgação de informações e à solicitação de colaborações para a implementação de atividades.

Gestão gerencial

É um modelo pautado por duas referências principais, originárias de ambientes distintos:

- Os parâmetros de gestão de empresas do setor privado, como o desenvolvimento de um produto e a obtenção de resultados.
- A transparência da gestão pública, voltada para garantir a prestação de contas.

A partir dos anos 1980, foi difundida a gestão gerencial, no contexto da hegemonia das práticas e da ideologia neoliberais, que questionam a eficiência, a capacidade e a responsabilidade do Estado perante a questão social. A gestão gerencial traz certo "vazio de política" e defende uma "democracia minimalista e [...] uma sociedade civil capacitada para firmar parcerias" (Nogueira, 1999, p. 87). A participação incentivada é de parceria entre organizações da sociedade civil e o Estado. A POPULAÇÃO-ALVO É GERALMENTE COMPREENDIDA MAIS COMO CLIENTE DO QUE COMO CIDADÃ DE FATO.

Gestão participativa-societal

É um processo de gestão que reforça a relação entre os direitos e o sentido público de decisões e de utilização dos recursos. Também fortalece as estratégias para a TRANSPARÊNCIA e para o CONTROLE DAS AÇÕES PÚBLICAS POR PARTE DA POPULAÇÃO. Reivindicado por movimentos sociais dos anos 1970 e 1980, é um modelo de gestão que possui bases na Constituição de 1988 (Brasil, 1988).

Também chamada de *gestão democrático-participativa*, essa modalidade possibilita uma inversão nas prioridades tradicionais da gestão pública brasileira, porque prioriza a garantia de direito e o atendimento às demandas populares na alocação dos recursos e na definição dos locais de instalação de equipamentos e serviços públicos. A ênfase na participação social não tem o sentido do questionamento da capacidade e da responsabilidade social do Estado; ao contrário: ela visa fortalecer e ampliar os mecanismos institucionais de participação e de democratização das políticas públicas e da política em geral (Carvalho, 1999; Barreira, 2000; Silva e Silva, 2001).

Gestão em rede

É uma variação que se desenvolve no interior de outros modelos, em especial do gerencial e do participativo-societal, acompanhando essas duas tendências no final do século XX. É um processo que permite ultrapassar o traço histórico brasileiro de ações sociais fragmentadas e sobrepostas, que não articulam ou potencializam os recursos e os atores sociais.

Para a superação do trabalho setorizado e paralelo, a gestão em rede aborda as políticas – econômica, habitacional, de saúde, cultural, assistencial etc. – de forma articulada. Além disso, organiza parcerias entre órgãos e atores sociais do Estado, ONGs, igrejas, empresas e outras organizações da sociedade civil local e internacional.

Essa abordagem complementa ações sociais e políticas públicas entre si, desde o seu planejamento até a sua execução, estabelecendo vínculos técnicos, políticos e orçamentários. Portanto, a gestão em rede de políticas públicas, programas, projetos e serviços sociais evita a compartimentalização dos direitos, que fragmenta e dificulta o exercício da cidadania.

A gestão democrático-participativa, a gestão em rede e, de certa forma, a gestão gerencial são modelos que apresentam um potencial democratizador. Entretanto, para que este se concretize, não

importam apenas as concepções políticas e ideológicas dessas modalidades. É também fundamental a competência técnica dos gestores em implementar, por meio de um método de desenvolvimento de atividades e em tempo determinado, uma gestão pública de serviços sociais:
* que alcance as metas determinadas;
* que coloque em operação os objetivos;
* que utilize recursos financeiros, materiais e humanos.

Em outras palavras, a gestão pública de serviços sociais requer PLANEJAMENTO.

> **Para saber mais**
>
> Para que você tenha uma compreensão mais aprofundada a respeito dos modelos de gestão social, recomendamos dois textos que propõem diferentes perspectivas para as discussões sobre o tema:
>
> DELAZARI, L. S.; KAUCHAKJE, S.; PENNA NETTO, M. C. de O. Sistema de informação para gestão das políticas públicas no Estado do Paraná. In: COLÓQUIO BRASILEIRO DE CIÊNCIAS GEODÉSICAS, 4., 2005, Curitiba. *Anais...* Curitiba: UFPR, 2005. p. 15-28.
>
> FREY, K. Crise do Estado e estilos de gestão municipal. *Lua Nova*, São Paulo, v. 37, p. 107-138, 1996.

7.2 *Formação de redes sociais*

A articulação dos vários atores sociais envolvidos no processo de gestão pode formar redes sociais. Para a identificação de redes, sugerimos uma classificação baseada em Delazari, Kauchakje e Penna Netto (2005):

- **Rede de pertencimento**: Sua dinâmica é relacional. Trata-se da rede de relações estabelecidas pelos sujeitos individuais e coletivos no cotidiano do trabalho, no contexto da vizinhança, entre familiares e em organizações, como igrejas, grupos e clubes.
- **Rede de equipamento e serviços coletivos**: Seu substrato são os direitos sociais, como habitação, saneamento, transporte, educação, saúde, assistência social e lazer, entre outros. Tem o sentido de operacionalização das políticas públicas e forma uma malha institucional, que é base para a tessitura das relações sociais e, ao mesmo tempo, solo da trajetória da população na busca por direitos.
- **Rede movimentalista**: É formada por movimentos sociais, fóruns e conselhos, além de ONGs de direito e outras formas de ação coletiva que se configuram como participação sociopolítica. Articula demandas, que podem ser identitárias – relativas à etnia, ao gênero, à faixa etária, à situação de saúde ou física, às ideologias ou às culturas –; ambientalistas e pacifistas; referentes a direitos sociais, civis e políticos; relativas ao mundo do trabalho; relacionadas à participação na direção social.
- **Rede de políticas públicas**: É composta especialmente por atores sociais que atuam no interior do Estado ou representam a sociedade civil, seja em movimentos sociais, conselhos, ONGs, conferências, fóruns, instituições e entidades sociais, seja em secretarias e órgãos públicos estatais e paraestatais. Os atores dos diversos tipos de rede, assim como as redes entre si, estabelecem interações uns com os outros.

Algumas características referentes a cada um desses diferentes modos de gestão pública podem ser reconhecidas na atualidade. As modalidades gerencial, participativa-societal e em rede, no entanto, têm estado mais em foco em estudos sobre gestão pública desde os anos 1990 no Brasil (Frey, 1996).

Síntese

A gestão social envolve recursos materiais e financeiros, além de atores das esferas pública e privada. Seus objetivos são atrelados, especialmente, aos direitos e às políticas sociais. A maneira como os recursos são geridos, o posicionamento dos atores sociais e a cultura política sobre os direitos definem os contornos e o conteúdo para as diferentes modalidades de gestão.

Com base nesses elementos – gestão dos recursos, posição dos atores e valores sobre os direitos –, foram destacadas as seguintes modalidades de gestão: particularista-patrimonial, tecnoburocrática, gerencial, participativa-societal e em rede. Podemos dizer que os processos e os procedimentos democráticos que caracterizam a modalidade participativa-societal e, em especial, a gestão em rede não estão presentes na gestão patrimonial. Todavia, existem expedientes democráticos nas gestões burocrática e gerencial.

Questões para revisão

1. Quais as modalidades de gestão estudadas neste capítulo? Destas, qual(is) garante(m) condições e procedimentos democráticos? Justifique sua resposta.

2. Entre as modalidades de gestão social estudadas, qual(is) apresenta(m) frágil sentido público na utilização de recursos materiais e financeiros, além de pouca relação com os direitos sociais? Justifique sua resposta.

3. Assinale a alternativa que indica a modalidade de gestão social descrita na afirmação a seguir:

    Um processo de gestão pautado por alguns parâmetros de empresas do setor privado, tais como desenvolvimento de produto e obtenção de resultados. É voltado para a garantia da transparência e da prestação de contas. Nesse processo, não é raro que a população-alvo seja identificada como cliente.

a) Gestão particularista-patrimonial.
b) Gestão tecnoburocrática.
c) Gestão gerencial.
d) Gestão participativa-societal.
e) Gestão em rede.

4. Que modalidade de gestão social é caracterizada pelo parágrafo a seguir?

Processo de gestão que privilegia as decisões e o uso de recursos baseados no conhecimento técnico especializado e nas diretrizes legais, o que, por um lado, possibilita o afastamento de interesses particulares e, por outro, promove certa aparência de despolitização no âmbito das ações públicas. Não raro a população-alvo é encarada apenas como receptora das ações que os técnicos lhe informam como necessárias.

a) Gestão particularista-patrimonial.
b) Gestão técnico-burocrática.
c) Gestão gerencial.
d) Gestão participativa-societal.
e) Gestão em rede.

5. Qual das modalidades de gestão social é descrita a seguir?

Processo de gestão que reforça a relação com direitos e também o sentido público de decisões referentes à utilização dos recursos, além de fortalecer as estratégias para a transparência e para o controle da população sobre as ações públicas.

a) Gestão particularista-patrimonial.
b) Gestão técnico-burocrática.
c) Gestão gerencial.

d) Gestão participativa-societal.
e) Gestão em rede.

Questões para reflexão

1. Qual(is) característica(s) de cada uma das modalidades de gestão social você considera que está(ão) presente(s) na administração pública de seu município, estado e no Brasil atualmente? Justifique sua reposta.

2. O que é planejamento social? Quais são as etapas desse processo?

capítulo oito

Planejamento social

Conteúdos do capítulo:

- Dimensões técnica e política do planejamento social;
- Elaboração do projeto social;
- Tipos de projeto social.

Após o estudo deste capítulo, você será capaz de:

- identificar tipos de projetos sociais;
- reconhecer alguns dos principais itens que constam em um projeto social.

Podemos caracterizar PLANEJAMENTO SOCIAL como o processo permanente e metódico da abordagem "de questões que se colocam no mundo social" (Baptista, 2003, p. 12), o que supõe uma sequência de atos decisórios, ordenados e baseados em conhecimentos teóricos, científicos e técnicos. O planejamento tem uma dimensão política, por ser "um processo contínuo de tomadas de decisões, inscritas nas relações de poder" (Baptista, 2003, p. 13-17).

✦ ✦ ✦

Para a abordagem que fazemos neste capítulo, entendemos a expressão planejamento social estritamente como o planejamento de políticas, programas, projetos e serviços sociais relacionados entre si. É um processo de tomada de decisões que envolve o poder e as ações públicas em um contexto social.

✦ ✦ ✦

O planejamento social possui também uma dimensão técnica, embasada no conhecimento sobre legislação, políticas públicas e realidade social. Tal dimensão é fundamentada, ainda, no conhecimento especializado sobre métodos e técnicas relacionados ao planejamento – e, consequentemente, à elaboração, à execução e à avaliação – de políticas, programas, projetos e serviços sociais.

O primeiro passo do planejamento é antecipar e arquitetar um conjunto de ações (Baptista, 2003; Silva, 2004). Esse procedimento gera a elaboração de um documento que apresenta os seguintes itens, que você observa a seguir:

- Informações referentes a dados e indicadores relativos a aspectos culturais e econômicos sobre uma situação social que requer intervenção para mudanças. Por exemplo: subnutrição de crianças em determinada comunidade, presença de trabalho infantil em determinadas localidades, ausência ou insuficiência de renda de famílias numa dada região etc.

- Informações sobre projetos, serviços e equipamentos previamente existentes, para o atendimento à demanda identificada e à necessidade de abordagens novas e complementares.
- Objetivos e metas relacionados à situação analisada.
- Ações e serviços sociais que, se forem executados, terão impactos positivos na situação e na demanda identificadas, beneficiando a população-alvo do atendimento social.
- Meios necessários para a realização das ações e dos serviços sociais, os quais devem ser adequados para o alcance dos objetivos e das metas estipulados.
- Tempo e recursos – humanos, materiais e financeiros – necessários para que tais ações e serviços sejam executados.
- Formas de monitoramento e avaliação das ações e de todo o processo de implementação do plano.

O documento que registra o planejamento social pode ser único ou desdobrado em programas e projetos. Os projetos são mais detalhados e próximos do momento da execução. É por isso que no projeto social estão explicitadas as atividades que serão realizadas e os serviços que serão prestados.

8.1 *Projeto social*

É uma tecnologia social e um processo de ação coletiva, de iniciativa estatal ou da sociedade civil, que tem como objetivo modificar uma realidade social instituída, por meio de intervenções e do provimento de serviços sociais (Santos, 2001; Baptista, 2003).

O desenvolvimento de um projeto passa por três grandes etapas: PLANEJAMENTO, EXECUÇÃO, MONITORAMENTO E AVALIAÇÃO. Observe a seguir as perguntas que devem ser contempladas na elaboração de um projeto:

- **Qual o objetivo do projeto?**: Situação e demandas sociais; políticas e legislação às quais o projeto está vinculado.
- **Onde será desenvolvido?**: A localização a ser contemplada pelo projeto.
- **A quem se destina?**: População a ser atendida pelos serviços planejados.
- **Por que será formulado?**: A justificativa do projeto, sua razão de ser, de forma mais ampla.
- **Para que será desenvolvido?**: Objetivos das ações do projeto.
- **Como será realizado?**: Método e detalhamento das atividades.
- **Com quem?**: Equipe que irá trabalhar na realização do projeto.
- **Com o que?**: Recursos materiais e financeiros.
- **Em que período de tempo?**: Tempo necessário para a execução do projeto.

Para orientá-lo sobre a realização da primeira etapa de um projeto social – que envolve o planejamento e a elaboração deste –, apresentamos um roteiro a seguir. Você poderá adaptá-lo de acordo com as suas necessidades.

Roteiro de projeto social*

Observe a seguir as etapas constituintes de um projeto social:

IDENTIFICAÇÃO
- Título do projeto.
- Município, local e data.
- Instituição responsável.

✦ ✦ ✦

* O conteúdo desta seção é baseado em Baptista (2003) e Armani (2000).

- Responsáveis pela elaboração do projeto.
- Equipe gestora.
- Endereço do local onde o projeto será realizado.

SUMÁRIO DA PROPOSTA
- Informações resumidas sobre o conteúdo do projeto.

INTRODUÇÃO
- Apresentação do projeto.
- Apresentação da instituição responsável pelo projeto: Finalidade ou missão, objetivos, área de abrangência, estrutura organizacional e administrativa, parcerias etc.
- Informações gerais sobre o contexto da localidade onde o projeto será implementado.
- Perfil da população destinatária: Identificação da realidade social em que estão inseridas as pessoas, os grupos sociais e as coletividades que serão atendidas.
- Relação do projeto com políticas públicas e com a legislação social.
- Justificativa da importância do projeto para intervenção na realidade identificada.

ANÁLISE SITUACIONAL: Consiste na "caracterização (descrição interpretativa), na compreensão e na explicação de uma determinada situação" (Baptista, 2003, p. 39). É composta pelos seguintes procedimentos:
- Apresentação da realidade local – Análise histórico-conjuntural da realidade, com base em indicadores sociais demográficos e econômicos e também no conhecimento da rede social existente.
- Análise da situação social identificada – Diagnóstico social de situações de vulnerabilidade e risco pessoal, de demandas por inclusão social e de garantia de direitos.
- Levantamento de informações sobre a população contemplada.

Objetivos: A elaboração dos objetivos é o momento em que os planejadores consideram as situações sociais que já foram estudadas anteriormente, durante a análise situacional. Eles também questionam a realidade observada e decidem sobre as possibilidades e os aspectos que serão objetos da intervenção e passíveis de modificação. Portanto, para a formulação dos objetivos, é preciso levar em conta a possibilidade concreta de alcançá-los, de acordo com o tempo, com os recursos disponíveis e com a análise social realizada (Baptista, 2003). Os objetivos são divididos em:

- Objetivos gerais – Referem-se à intencionalidade do projeto.
- Objetivos específicos – Expressam o detalhamento dos objetivos gerais e apontam metas.
- Objetivos operacionais – Descrevem as atividades que viabilizarão o alcance dos objetivos específicos e gerais. Por exemplo: capacitar a equipe, realizar reuniões, elaborar cartilhas e testar metodologias.

Metas: Para cada objetivo qualitativo, temos uma meta quantificada ou um conjunto de metas previstas que devem ser alcançadas. As metas quantificam os objetivos. Suponhamos que os objetivos sejam: a) diminuir os indicadores de subnutrição das crianças de 1 a 3 anos de determinada comunidade e b) fornecer alimentos enriquecidos. Nesse caso, as metas devem fornecer esclarecimentos sobre quantas crianças serão atendidas em determinado período, bem como sobre a quantidade e a regularidade do provimento de alimentação.

Metodologia: Refere-se à descrição detalhada de cada uma das atividades. Apresenta o método, as técnicas, os procedimentos e as etapas para sua realização. A metodologia deve estar alinhada às metas e aos objetivos apresentados. É feita uma demonstração do fluxo das atividades e serviços a serem prestados (é recomendável a criação de um fluxograma).

Recursos humanos: Trata-se da equipe que irá realizar as atividades, indicando os responsáveis por todas as etapas. Caso seja necessário, deve haver previsão de capacitação de membros da equipe para a atividade pela qual serão responsáveis.

Recursos materiais: Os materiais necessários para o provimento dos serviços sociais são arrolados, item por item, no projeto. São divididos em: de consumo e permanentes.

Recursos financeiros: Trata-se da apresentação do custo do projeto, ou seja, da proposta de orçamento em que são referidos os recursos necessários para a execução do projeto, entre os quais é importante diferenciar os recursos já disponíveis daqueles que devem ser solicitados para viabilizar a implementação do projeto. O custo do projeto inclui:
- despesas de capital ou investimentos (equipamentos, obras, mobiliário);
- despesas correntes ou de custeio (materiais de consumo, pedagógicos ou de expediente);
- pagamento de serviços de terceiros e, se for o caso, de todos os membros da equipe;
- pagamento de passagens, diárias, entre outros.

Monitoramento e avaliação: A avaliação é um processo contínuo, estando presente em todos os momentos do projeto. Permite identificar problemas no desenvolvimento do projeto e suas possíveis causas, de modo a antecipar medidas para a recondução das atividades conforme o planejado ou de acordo com novas situações identificadas que venham a exigir novos encaminhamentos e soluções. É recomendável, portanto, que não seja realizada apenas no final do processo, mas continuamente, em intervalos de tempo planejados, conjugando a avaliação ao monitoramento de cada momento/ etapa do projeto.

No plano do projeto (e também no da política, do programa ou do serviço) está explicitada a metodologia da avaliação. Uma avaliação completa avalia o processo, o impacto e o processo político. Veja a seguir as especificidades de cada uma dessas etapas:

- Avaliação de processo – É avaliado o desenvolvimento do projeto, atentando-se para a relação custo-benefício e para o cumprimento ou não dos objetivos e das metas delineadas. É uma avaliação da eficiência do projeto, ou seja, trata-se de uma análise da eficiência técnica e administrativa, levando em conta, por isso, o que foi planejado no que se refere a fatores como tempo, recursos e procedimentos previstos. Também é avaliação da eficácia do projeto, pois consiste na análise do cumprimento dos objetivos relacionados ao alcance das metas e das demandas previstas para serem atendidas (Baptista, 2003).
- Avaliação de impacto – São avaliados os resultados do projeto sob a perspectiva do impacto causado pela intervenção sobre a situação diagnosticada. Um projeto pode ser eficiente no que se refere aos procedimentos e eficaz no cumprimento dos objetivos e das metas, sem causar, porém, impacto sobre a realidade social em que se pretende intervir e provocar mudanças. As razões para isso podem estar em equívocos no diagnóstico social, nas estratégias metodológicas e de serviços implementados ou na própria dinâmica da população e da realidade social. A avaliação de impacto permite que haja alteração no planejamento no decorrer do projeto ou a realização de novos projetos aprimorados. É a avaliação da efetividade que considera o impacto das ações sobre a situação analisada e sobre as demandas identificadas e potenciais, permitindo observar tendências ou não de superação

das condições apontadas no estudo inicial que justificou a intervenção do projeto. Em outras palavras, a avaliação de impacto consiste em confrontar a proposta com a realidade e as situações objeto da intervenção (Baptista, 2003, p. 120).

- Avaliação política – Focaliza os valores, o processo de aprendizado (para a cidadania e sobre direitos, por exemplo) e as aquisições culturais e sociais de longa duração relativos a mentalidades, valores e sociabilidade que o projeto possa ter desencadeado ou contribuído para desencadear.

CRONOGRAMA: Consiste no último item do planejamento no qual consta a previsão do tempo:
- para a implementação global (início e término geral do projeto);
- para cada um dos três momentos, isto é, para o planejamento, para a execução e para a avaliação;
- para a realização de cada atividade e etapa do momento da execução;
- para a realização de cada atividade e etapa da avaliação.

São exemplos de projetos os que objetivam: a defesa dos direitos humanos; a prevenção à violência; a alimentação, a economia e os arranjos produtivos solidários; a ajuda humanitária.

Mesmo com um roteiro único, o projeto será desenvolvido de maneira diferente, a depender do processo de gestão que pode aproximar-se mais ou menos dos elementos dos modelos particularista-patrimonial, tecnocrático, gerencial, participativo-societal e em rede.

Na atualidade, os organismos estatais e não governamentais (locais, nacionais e internacionais) têm dado prioridade aos investimentos em projetos sociais geridos e executados com participação de organizações da sociedade civil (no modelo gerencial, principalmente, mas também no participativo). Recursos são investidos em projetos que incentivam a articulação com as comunidades locais, potencializando os meios e saberes locais e o controle das atividades por parte da população (Santos, 2001).

Tipos de programas, projetos e serviços sociais

Programas, projetos e serviços sociais podem ser agrupados sob a perspectiva da necessidade social em relação ao tempo em que são ofertados a prestação ou o atendimento. Podem, ainda, ser classificados de acordo com os objetivos que perseguem.

Com base na consideração da necessidade social em relação ao tempo de prestação ou à oferta de atendimento, os programas, os projetos e os serviços sociais são agrupados da seguinte forma: de prevenção, proteção e promoção social. Veja cada um deles a seguir.

- **Prevenção**: Evitam situações de vulnerabilidade e risco por meio de:
  - monitoramento das situações geradoras de vulnerabilidade e risco social, educacional, de saúde e outras;
  - desenvolvimento de potencialidades de indivíduos e localidades e aquisições de bens materiais e imateriais;
  - fortalecimento dos vínculos familiares e comunitários;
  - viabilização do acesso a programas, projetos e serviços sociais.
- **Proteção**: Destinam-se a pessoas e populações que estão vivenciando situação de vulnerabilidade e risco. Esses planos garantem:
  - aquisições materiais (renda, alimentação, habitação, entre outras);
  - aquisições imateriais (capacitação profissional, atendimento à saúde e educação);
  - acolhida.
- **Promoção**: Fornecem condições para que pessoas, grupos sociais e coletividades saiam e permaneçam fora de situações sociais de carência, violência e vulnerabilidade, oferecendo os seguintes benefícios:
  - desenvolvimento da autonomia de projetos de vida alternativos;
  - eliminação das relações que provocam dependência e subordinação;
  - acompanhamento de saúde;

- formação educacional continuada;
- moradia com infraestrutura de equipamentos e serviços públicos;
- trabalho com renda e condições condizentes com parâmetros das necessidades sociais.

Para saber mais

Os conceitos de promoção, proteção e prevenção fazem parte da discussão sobre política de saúde, mas também foram incorporados em outras áreas sociais, como a da assistência social. Caso você queira saber mais a respeito, recomendamos o seguinte texto:

FLEURY-TEIXEIRA, P. et al. Autonomia como categoria central no conceito de promoção de saúde. *Ciência & Saúde Coletiva*. Rio de Janeiro, v. 13, supl. 2, p. 2115-2122, 2008. Disponível em: <http://www.nescon.medicina.ufmg.br/biblioteca/imagem/0268.pdf>. Acesso em: 4 jun. 2011.

Recomendamos também a leitura de um documento no qual esses conceitos são mobilizados:

BRASIL. Ministério do Desenvolvimento Social e Combate à Fome. Secretaria Nacional de Assistência Social. *Norma Operacional Básica NOB/Suas*: construindo as bases para a implantação do Sistema Único de Assistência Social. 2005. Disponível em: <http://www.mds.gov.br/assistenciasocial>. Acesso em: 4 jun. 2011.

Com base na adaptação de uma classificação de Poschmann (2002), os programas, os projetos e os serviços sociais são agrupados de acordo com seus objetivos gerais em: emergenciais, redistributivos, de construção de autonomia e de apoio ao desenvolvimento social. Saiba mais sobre cada um deles a seguir.

- EMERGENCIAIS: Têm por objetivo atender prontamente a indivíduos ou grupos que passam por situações de risco pessoal e social ocasionadas pela violação de direitos (vinculada à negligência, ao abandono e à violência) ou, ainda, por fatores naturais. Abrangem:
  - abrigo;
  - provimento de alimentos, vestuário e medicação.
- REDISTRIBUTIVOS: Objetivam a distribuição indireta de bens e recursos socioeconômicos pela mediação das políticas sociais. Entre eles, incluem-se:
  - formas de transferência de renda (como transferência monetária direta ou de bens e serviços);
  - benefícios diversos;
  - ações públicas com caráter de priorização social (mesmo no interior de políticas universais).

Importante observar que programas e projetos que realizam transferência monetária direta podem contribuir significativamente para a construção de autonomia e para a dinamização da economia (Arbix, 2007; Neri, 2007). Por isso, estarão inseridos nos tipos de projetos de construção de autonomia e de desenvolvimento social, descritos a seguir.

- CONSTRUÇÃO DE AUTONOMIA: Têm por objetivo a superação das situações de subalternidade e estigmatização vinculadas à exclusão socioeconômica e sociocultural, isto é, ao empobrecimento, ao desemprego, à discriminação étnico-cultural em razão do gênero, da necessidade especial, do ciclo de vida, entre outros aspectos. São exemplos desse tipo de projeto os que envolvem:
  - capacitação profissional;
  - geração de emprego, trabalho e renda;

- transferência monetária direta;
- cooperativismo e associativismo;
- economia solidária;
- arranjos produtivos solidários;
- formação juvenil;
- fortalecimento de ações organizativas de enfrentamento da pobreza;
- monitoramento de riscos e vulnerabilidades sociais.

• APOIO AO DESENVOLVIMENTO SOCIAL: Objetivam dinamizar as atividades econômicas e da rede socioeconômica produtiva. São exemplos os que promovem:
- geração de renda, trabalho e emprego;
- transferência monetária direta;
- capacitação e formação profissional;
- incentivo às redes produtivas.

✦ ✦ ✦

Questão para reflexão

Reflita sobre os tipos de projetos sociais citados neste capítulo. No Brasil, em seu estado, cidade ou em sua comunidade, qual(is) projeto(s) seria(m) prioritário(s)? Justifique sua resposta.

✦ ✦ ✦

O agrupamento de programas, projetos e serviços, bem como de outras ações sociais, possibilita a análise do possível impacto de uma ação social específica sobre a realidade, como demonstrado no exemplo exposto no parágrafo a seguir.

Está previsto na legislação o Benefício de Prestação Continuada (BPC), que repassa um salário mínimo às pessoas idosas ou com deficiência cuja renda familiar *per capita* seja de até um quarto do salário mínimo. O BPC é qualificado como *transferência de renda*, portanto, de aquisição material. Está agrupado entre os projetos sociais eminentemente de proteção, podendo vir a contribuir, em alguns casos, com a promoção social de famílias e com a prevenção de situações de vulnerabilidade e risco, como o trabalho infantil, o abandono do idoso e o aprofundamento da pobreza. O BPC é classificado também como *redistributivo*, podendo auxiliar os projetos de construção de autonomia (Brasil, 2011c).

♦ ♦ ♦

Questão para reflexão

Reflita sobre os tipos de projetos sociais citados neste capítulo. No Brasil, em seu estado, cidade ou em sua comunidade, qual(is) projeto(s) seria(m) prioritário(s)? Justifique sua resposta.

♦ ♦ ♦

Com o objetivo de elucidar o atendimento de demandas por prevenção, proteção e promoção, bem como por oferta de provisões imediatas, redistribuição de recursos, autonomia e desenvolvimento social, serão apresentadas definições adaptadas de uma série de programas, projetos, benefícios, serviços sociais e equipamentos da Política de Assistência Social (Nacional e Estadual – Paraná) do ano de 2005:*

♦ ♦ ♦

* Período em que a autora atuou como Assessora Técnica da Secretaria de Estado do Trabalho, Emprego e Promoção Social (PR).

- **Benefício de prestação continuada (BPC)**: Benefício assistencial não contributivo no valor de um salário mínimo no caso de idosos acima de 65 anos e de pessoas com deficiência com *renda per capita* de até um quarto de salário mínimo e que comprovem não ter condições de prover sua própria subsistência ou de tê-la provida por sua família.

- **Transferência de renda**: Transferências monetárias diretas (ou de bens e recursos materiais) sem necessidade de contrapartida, mas por critérios de elegibilidade vinculada à renda e ao acesso familiar.

- **Atendimento sociofamiliar**: Atendimento aos grupos familiares em situação de vulnerabilidade social, possibilitando-lhes a construção de vínculos sociais e a participação em projetos coletivos.

- **Enfrentamento da fome**: Ações destinadas à segurança alimentar no que diz respeito à qualidade nutricional, à frequência e continuidade da oferta alimentar e à segurança sanitária.

- **Capacitação cidadã e profissional**: Visa ao aprendizado, à formação cidadã e à capacitação profissional.

- **Geração de trabalho e renda**: Ações desenvolvidas de forma articulada entre grupos sociais e instituições para a geração de espaços de trabalho e de obtenção de renda.

- **Grupos de produção**: Promovem o incentivo à organização de grupos com propostas de desenvolvimento econômico por meio de diversas modalidades (cooperativismo, economia solidária etc.) na perspectiva da autonomia e da solidariedade política.

- **Abordagem de rua**: Busca estabelecer contato direto da equipe técnica com pessoas que morem, trabalhem ou tenham trajetória nas ruas, permitindo conhecer as condições em que vivem e as relações sociais estabelecidas. Os objetivos são inserir esses indivíduos em grupos e instituições e, quando possível, restabelecer seus vínculos familiares e comunitários com a construção de projetos de vida que viabilizem uma proposta de saída definitiva das ruas.

- **Programa de Erradicação do Trabalho Infantil (Peti)**: Programa de transferência de renda para famílias de crianças e adolescentes com idade inferior a 16 anos envolvidos no trabalho precoce, em atividades consideradas perigosas, penosas, insalubres ou degradantes. Com o objetivo de retirar esses meninos e meninas da situação de trabalho, é dada a concessão de uma bolsa às famílias, que, em contrapartida, devem matricular seus filhos na escola e também inscrevê-los em ações socioeducativas, assegurando, assim, o direito à educação e ao desenvolvimento integral (Brasil, 2011f).

- **Serviços de atenção às vítimas de violência, abuso e exploração sexual e comercial**: Atendimento social, psicológico e jurídico destinados a crianças, adolescentes e mulheres (bem como aos seus familiares) vítimas de violência, abuso e exploração sexual e comercial.

- **Projetos de enfrentamento à pobreza**: Têm por objetivo implementar ações cooperativas no âmbito da erradicação da fome, da educação (com a erradicação do analfabetismo e a melhora da qualidade de ensino), da qualificação profissional, da criação do emprego e da geração de trabalho e renda, bem como de promover estratégias para o desenvolvimento local, com participação dos sujeitos envolvidos. Tais ações têm uma dimensão política, intencionando especialmente a não naturalização da pobreza e a inserção desse aspecto na agenda das políticas públicas.

- **Centro-dia para idoso e pessoa com deficiência**: Equipamento social para atendimento integral a pessoas idosas ou com deficiência que, por suas carências familiares, sensitivas e funcionais, não podem ser atendidas em seus próprios domicílios ou por serviços comunitários.

- **Centro de Referência de Assistência Social (Cras)**: Equipamento social para o atendimento da população que vive em áreas com maior concentração de pobreza. São realizadas atividades de caráter de proteção social básica com o objetivo de incluir comunidades em políticas e programas sociais, bem como fortalecer os vínculos de pertencimento comunitário e familiar (Brasil, 2011e).

- **Albergue**: Oferece acolhimento provisório para pessoas que vivem em situação de rua. Provê orientação socioeducativa, regularização de documentos, cuidados primários e inserção na rede social. Em condição de consentimento ativo e esclarecido, visa contribuir na reconstrução de projetos de vida e de vínculos de pertencimento.

As ações sociais vinculadas à política pública da assistência social e as de saúde, habitação educação, entre outras, são realizadas pelos órgãos públicos e por associações e fundações da sociedade civil, formando redes sob o paradigma da responsabilidade e do compromisso social.

Para saber mais

Sobre programas, projetos, serviços e benefícios socioassistenciais, é importante que você leia a seguinte obra:

COLIN, D. R.; SILVEIRA, J. I. Serviços socioassistenciais: referências preliminares na implantação do Suas. In: BATTINI, O. (Org.) *Suas*: Sistema Único de Assistência Social em debate. São Paulo: Veras; Curitiba: Cipec, 2007. p. 101-132.

Aprofunde seu conhecimento sobre planejamento social com o seguinte livro:

BAPTISTA, M. V. *Planejamento social*: intencionalidade e instrumentação. São Paulo: Veras, 2003.

Sobre avaliação social, são valiosas as leituras das seguintes obras:

BARREIRA, M. C. R. N. *Avaliação participativa de programas sociais*. São Paulo: Veras, 2000.

SILVA e SILVA, M. O. (Org.). *Avaliação de políticas e programas sociais*: teoria e prática. São Paulo: Veras, 2001.

Síntese

O planejamento social possui uma dimensão política de tomada de decisões que envolve o poder e as ações públicas num contexto social. Tem também uma dimensão técnica embasada no conhecimento sobre legislação, políticas públicas e realidade social e, também, no conhecimento especializado sobre métodos e técnicas para planejamento (e, consequentemente, elaboração, execução e avaliação) de políticas, programas e projetos e serviços sociais. Os projetos sociais são os planos mais próximos da execução, nos quais estão explicitados os serviços a serem ofertados. Os momentos marcantes de um projeto são: planejamento, execução, monitoramento, avaliação. Se for levado em consideração o momento (e consequência esperada) em que um projeto social irá incidir sobre uma situação social, então os projetos são classificados em PROJETOS DE PREVENÇÃO, PROTEÇÃO ou PROMOÇÃO. Se forem considerados os seus objetivos, então eles são categorizados em PROJETOS EMERGENCIAIS, REDISTRIBUTIVOS, de CONSTRUÇÃO DE AUTONOMIA ou de DESENVOLVIMENTO SOCIAL. Neste capítulo, foi sugerido um roteiro para elaboração de projetos sociais.

Questões para revisão

1. Por que o planejamento social tem uma dimensão política?

2. Por que o planejamento social tem uma dimensão técnica?

3. Programas e projetos sociais classificados como de construção de autonomia realizam ações de:
    i. fortalecimento de ações de enfrentamento à pobreza.
    ii. geração de emprego, trabalho e renda.
    iii. cooperativismo, associativismo e economia solidária.

iv. monitoramento e avaliação de projetos sociais.
v. formação juvenil e capacitação profissional.

Assinale a alternativa que contém as respostas corretas:

a) ii, iii, iv, v.
b) i, iii, iv, v.
c) ii, iii, iv.
d) i, ii, iii, v.
e) ii, iv, v.

4. Programas e projetos sociais classificados como de apoio ao desenvolvimento social realizam ações de:
   i. provisão de abrigo.
   ii. incentivo às redes produtivas.
   iii. geração de renda, trabalho e emprego.
   iv. capacitação e formação profissional.
   v. fortalecimento de vínculos familiares.

Assinale a alternativa que contém as respostas corretas:

a) ii, iii, iv.
b) ii, iii, iv, v.
c) i, ii, iv.
d) i, iii, iv.
e) ii, iv, v.

5. Programas e projetos sociais classificados como redistributivos realizam ações:
   i. de transferência de renda.
   ii. que combinam critérios de universalidade e focalização.
   iii. de formação profissional.
   iv. para provisão de abrigo temporário.
   v. de fortalecimento de vínculos comunitários.

Assinale a alternativa que contém as respostas corretas:

a) I, III, IV.
b) I, II, V.
c) II, III.
d) I, II.
e) IV, V.

capítulo nove

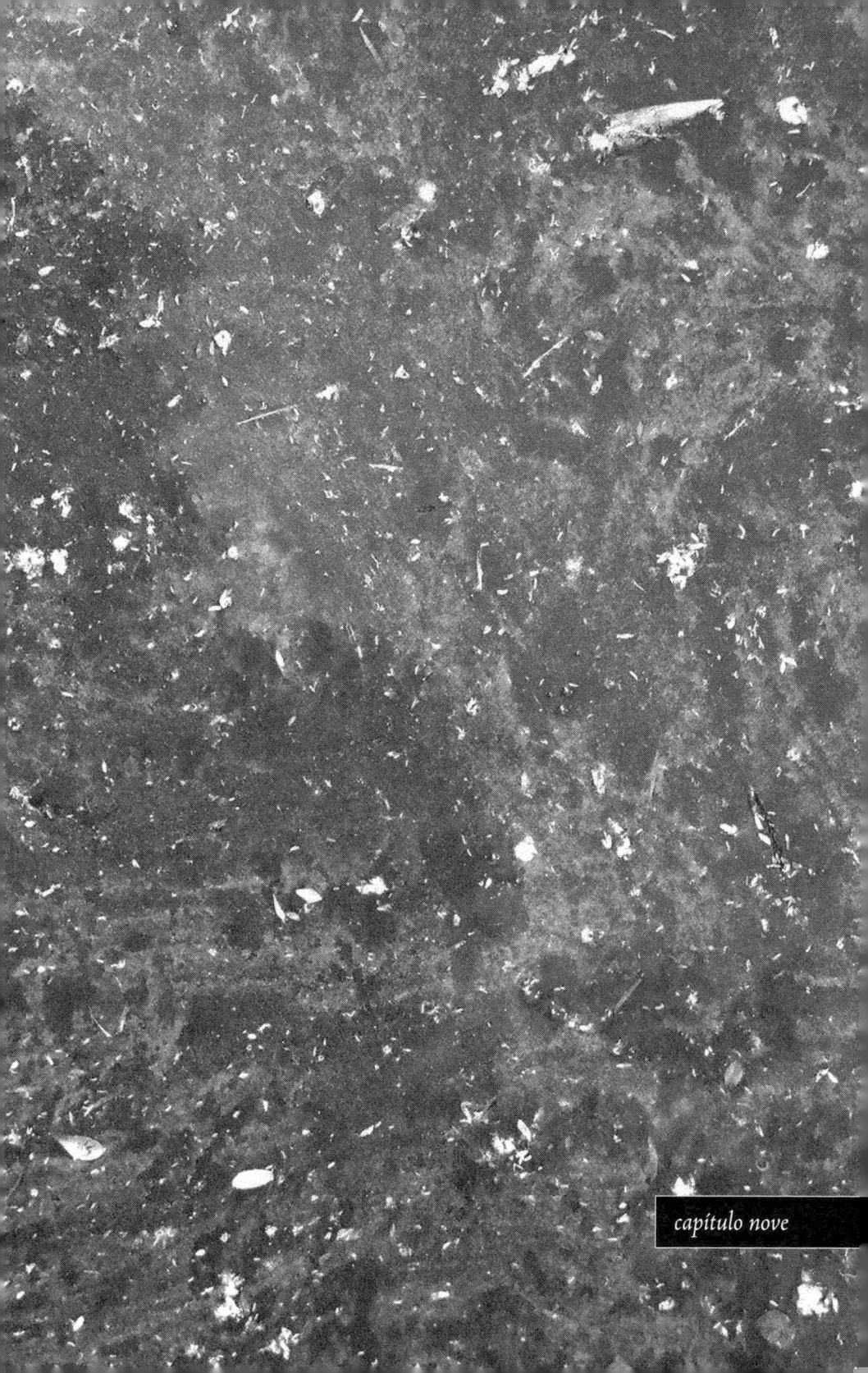

Responsabilidade ou compromisso social:
organizações do Terceiro Setor

Conteúdo do capítulo:

* Responsabilidade e compromisso social;
* Organizações não governamentais (ONGs).

Após o estudo deste capítulo, você será capaz de:

* refletir sobre o compromisso social;
* perceber que um conjunto de associações pode ser agrupado em uma organização não governamental (ONG).

A responsabilidade social de organizações públicas e privadas pode representar uma conquista no campo da proteção social norteada pela solidariedade política.

No entanto, essa afirmação deve ser contextualizada levando-se em conta a trajetória histórica da proteção e gestão social no Brasil, na qual as expressões da questão social (pobreza, pauperismo, baixo grau de escolaridade, precarização do trabalho, cultura política marcada por clientelismo e autoritarismo, entre outras) se atualizam e transfiguram cidadãos em indivíduos fragmentados e em luta pela sobrevivência cotidiana.

Nesse cenário, a noção e as ações de responsabilidade social, quando condicionadas por concepções e políticas que visam diminuir a responsabilidade social do Estado e aumentar a da sociedade civil, vêm reforçar a DESPROTEÇÃO PÚBLICA, ou a frágil segurança social que faz com que os direitos pareçam figuras de retórica diante das diversas facetas da exclusão que ocupam a paisagem cotidiana, poucas vezes questionada.

Por isso, a importância das organizações não governamentais (ONGs) reside tanto em sua contribuição para minimizar, amenizar expressões da questão social, como, e sobretudo, na sua participação para fortalecer e legitimar as ações sociais públicas do Estado voltado para as seguranças sociais e a garantia dos direitos. Essa concepção supera o paradigma da responsabilidade social, centrando-se no COMPROMISSO SOCIAL de construção da democracia enraizada socialmente.

✦ ✦ ✦

Questões para reflexão

Em que aspecto a responsabilidade e o compromisso social são diferentes?

✦ ✦ ✦

As principais organizações que operam em atividades sociais de interesse público ou de responsabilidade social são o Estado, as empresas com responsabilidade social e as ONGs, classificadas em MOVIMENTALISTAS, FILANTRÓPICAS e EMPRESARIAIS*.

As ONGs empresariais se diferenciam juridicamente das empresas que as fundaram e as sustentam, pois estas geralmente possuem fins lucrativos e, mesmo quando isso não ocorre, seu foco são as atividades de interesse privado. Algumas empresas realizam ações de responsabilidade social, desenvolvendo ações sociais – não públicas –, mantendo uma "conduta ética, com atitudes socialmente responsáveis na deliberação e execução de suas ações, incluindo relações com a comunidade, empregados, fornecedores, meio ambiente, governo, consumidores, mercado e acionistas" (Simões, 2007, p. 418-425).

As ONGs propriamente ditas são definidas como "instituições de direito privado, sem fins lucrativos, autônomas em relação ao Estado, mas cujas atividades são de interesse público" (Simões, 2007, p. 341). Já as Organizações da Sociedade Civil de Interesse Público (Oscips) são organizações privadas com atividades de interesse público voltadas para a "execução de projetos, programas [...] doação de recursos físicos, humanos e financeiros ou ainda [...] apoio a outras organizações sem fins lucrativos e a órgãos do setor estatal que atuem em áreas afins" (Simões, 2007, p. 386).

Nem todas as organizações sem fins lucrativos são reconhecidas como ONGs. Tratam-se de clubes esportivos, igrejas, sindicatos, por exemplo. Mas todas as organizações sem fins lucrativos, inclusive as ONGs, são, em última instância, uma associação ou uma fundação. Ainda nas palavras de Simões (2007, p. 341-430):

> As associações, em seu conceito amplo, são [...] organizadas segundo seus estatutos, com a finalidade de atingirem a

♦ ♦ ♦

* Veja no Capítulo 6 uma explicação mais detalhada sobre tipos de ONGs.

satisfação de certos interesses sociais não lucrativos, sejam eles sindicais, religiosos, cooperativistas, políticos, partidários, filantrópicos, assistenciais, esportivos, artísticos, científicos, habitacionais, de pesquisa ou outros. [...] A fundação [...] é uma entidade de direito privado, sem fins lucrativos, instituída por pessoa particular ou pelo Estado, denominado de *instituidor*, mediante uma dotação especial de bens livres, que ficam vinculados a uma determinada finalidade [...]. Esta finalidade somente poderá ser religiosa, moral, cultural ou de assistência. [...] costuma-se denominar de *pública* quando o Estado é seu instituidor; e de *privada* quando seu instituidor ou fundador é uma pessoa física ou jurídica privada. [grifo nosso]

Portanto, no conjunto das organizações que desenvolvem atividades sociais de interesse público ou de responsabilidade social estão, principalmente, organizações do Primeiro Setor (o Estado), do Segundo Setor (as empresas) e do Terceiro Setor (as ONGs e as Oscips).

O primeiro setor [...] é o conjunto das atividades do Estado consideradas essenciais ao interesse público e de sua exclusiva responsabilidade, como a administração da justiça, a elaboração e aprovação das leis e o poder de polícia. [...] O segundo setor é o da sociedade civil, concebido pelo conjunto das atividades privadas, com finalidades estritamente particulares, da indústria, comércio, bancos, agronegócios, clubes, escolas, sindicatos, cooperativas, associações e uma infinidade de serviços em geral [...] inclusive sem fins lucrativos, mas cuja natureza não afeta, necessariamente, ao interesse público. [...] Passou-se a denominar de *terceiro setor* o conjunto de atividades não estatais ou governamentais constituídas de pessoas jurídicas de direito privado, sem fins lucrativos, que se dedicam ao fornecimento de serviços de assistência, saúde e educação, pesquisa, construção

> de moradias, hospitais, clubes, creches, meio ambiente, museus, bibliotecas, filantropia, idosos, crianças carentes, portadores de deficiência e outros, considerados de interesse público. [...] A responsabilidade social [empresarial realiza-se] por meio da atuação proativa pela cidadania, causas sociais, meio ambiente e outras [...]. Esta atividade, como se vê, não integra as atividades do terceiro setor, porque efetivada por empresas privadas, com fins lucrativos e cujas atividades não são reconhecidas pelo Estado, em regra, como tendo fins públicos. (Simões, 2007, p. 341-430, grifo nosso)

As organizações do Terceiro Setor – ONGs e Oscips – recebem recursos públicos e têm suas atividades regulamentadas e reconhecidas como de interesse público pelo Estado.

> O terceiro setor, embora sem fins lucrativos, não deixa de ser uma atividade econômica pela qual o desenvolvimento social é concebido como resultado de investimento na área social e cultural. [...] o Poder Público investe capital para impulsionar as entidades e organizações que se dedicam à prestação de serviços nas áreas de saúde, educação e assistência social, defesa de direitos de grupos específicos da população, trabalho voluntário, proteção ao meio ambiente, concessão de microcréditos e outros [...]. É uma economia de investimentos sociais, subordinados às políticas públicas e, portanto, adstritos aos princípios públicos da legalidade [...] com práticas de gestão administrativas proibitivas de obtenção individual ou coletiva, de quaisquer benefícios ou vantagens pessoais dos dirigentes. (Simões, 2007, p. 433)

Em outras palavras, essas organizações captam recursos diretos e indiretos do Poder Público. Os RECURSOS DIRETOS advêm de convênios, termos de parceria e contratos; os RECURSOS INDIRETOS são captados mediante isenções e incentivos tributários. Pannunzio (2008, p. 1) esclarece que:

> O convênio é o instrumento utilizado para a execução descentralizada de qualquer programa de trabalho, projeto/atividade ou evento de interesse recíproco, em regime de mútua cooperação. [...] O termo de parceria é voltado ao fomento e execução das atividades definidas como de interesse público [...]. Apenas aquelas organizações que cumprirem os requisitos legais e sejam qualificadas como OSCIP (Organizações da Sociedade Civil de Interesse Público) pelo Ministério da Justiça é que estão aptas a celebrar a parceria com o Poder Público. O contrato de gestão tem por objetivo [...] o fomento de organizações que prestam serviços públicos não exclusivos do Estado: ensino, pesquisa científica, desenvolvimento tecnológico, proteção e preservação do meio ambiente, cultura e saúde. [...] Para firmar um contrato de gestão, a organização deve ter sido previamente qualificada como OS (Organização Social) pelo ministério correspondente.

A despeito do financiamento do Poder Público, nem todas as organizações da sociedade civil que realizam ações de interesse público estão filiadas a concepções e práticas de compromisso social. Algumas dessas organizações, umas mais do que outras, admitem que estão envolvidas no asseguramento do exercício de direitos de cidadania. Ou seja: em sua relação com o Estado, há a tensão entre a lógica da tutela/ajuda e a lógica dos direitos.

✦ ✦ ✦

> A ajuda configura relações assimétricas/hierárquicas entre os sujeitos envolvidos (aquele que dá e aquele que recebe), enquanto que os direitos sedimentam relações assentadas na igualdade judicialmente reclamável.

✦ ✦ ✦

Na gestão pública de serviços sociais, estão presentes atores sociais, locais e internacionais, com perspectivas e interesses que, não raro, colidem entre si: a população demandatária (que é plural em suas necessidades e valores) e os órgãos do Estado (em disputa orçamentária e de legitimidade), bem como os movimentos sociais, conselhos, ONGs (de diferentes posições ideológicas, sociais e políticas). Esses atores estabelecem interação de consenso e conflito, e cada um deles pode atribuir um significado de responsabilidade e compromisso social, uma concepção de solidariedade e um modo de gestão que, em certos casos, convergem e, em outros, divergem entre si.

✦ ✦ ✦

Questões para reflexão

Para você, qual o significado da gestão pública de serviços sociais na perspectiva da responsabilidade e do compromisso social? Qual a sua concepção de solidariedade no âmbito da gestão social?

✦ ✦ ✦

Para saber mais

A respeito de relações de parceria entre Estado e organizações da sociedade civil, verifique a seguinte lei:

BRASIL. Lei n° 9.790, de 23 de março de 1999. *Diário Oficial da União*, Poder Legislativo, Brasília, DF, 24 mar. 2011. Disponível em: <http://www.planalto.gov.br/ccivil_03/Leis/L9790.htm>. Acesso em: 4 jun. 2011.

Veja também os seguintes *sites*:

ABONG – Associação Brasileira de Organizações Não Governamentais. Disponível em: <http://www.abong.org.br>. Acesso em: 4 jun. 2011.

> GIFE – Grupo de Institutos Fundações e Empresas. Disponível em: <http://www.gife.org.br>. Acesso em: 4 jun. 2011.
>
> RITS – Rede de Informações para o Terceiro Setor. Disponível em: <http://www.rits.org.br>. Acesso em: 4 jun. 2011.

Síntese

As organizações sociais compõem o Terceiro Setor, que, por sua vez, opera em atividades sociais de interesse público. Nessa rede, identificamos as organizações do Estado (Primeiro Setor), as empresas privadas (Segundo Setor) e as ONGs e Oscips (Terceiro Setor). As organizações do Terceiro Setor captam recursos públicos diretos ou indiretos, ou seja, recursos diretos mediante convênios, contratos e termos de parceria, e recursos indiretos, como incentivos tributários. Algumas ONGs ou empresas privadas com ações de responsabilidade social podem expressar uma concepção de redução do papel do Estado, isto é, de redução da prestação e da oferta de atendimento e serviços sociais diretamente pelo Estado, o que nem sempre significa a diminuição de recursos financeiros, pois as organizações do Terceiro Setor obtêm recursos do Poder Público. No entanto, diante da desigualdade social e da pobreza no Brasil, outras dessas organizações expressam um compromisso social com a democracia enraizada socialmente, o que significa dizer que participam do fortalecimento do investimento estatal para a oferta de serviços sociais públicos.

Questões para revisão

1. Quais as principais organizações que operam em atividades sociais de interesse público e de responsabilidade social?

2. Identifique as organizações que são do Primeiro, do Segundo e do Terceiro Setor, respectivamente. Dê exemplos que sejam de seu conhecimento.

3. Organizações do Terceiro Setor captam recursos públicos diretos e indiretos. Os recursos diretos são:
    I. convênios.
    II. isenções tributárias.
    III. incentivos tributários.
    IV. termos de parceria.
    V. contratos.

    Assinale a alternativa que contém as respostas corretas:
    a) I, IV, V.
    b) I, II, III.
    c) I, III, IV.
    d) II, V.
    e) II, III.

4. Organizações do Terceiro Setor captam recursos públicos diretos e indiretos. Os recursos indiretos são:
    I. convênios.
    II. isenções tributárias.
    III. incentivos tributários.
    IV. termos de parceria.
    V. contratos.

    Assinale a alternativa que contém as respostas corretas:
    a) I, IV, V.
    b) I, II, III.
    c) I, III, IV.
    d) II, V.
    e) II, III.

5. Segundo Simões (2007), as ONGs são parte do conjunto:
   a) de instituições de direito público, sem fins lucrativos, autônomas em relação ao Estado, mas cujas atividades são de interesse público.
   b) de instituições de direito privado, com fins lucrativos, autônomas em relação ao Estado, mas cujas atividades são de interesse público.
   c) de instituições de direito privado, sem fins lucrativos, autônomas em relação ao Estado, mas cujas atividades são de interesse público.
   d) de instituições de direito privado, sem fins lucrativos, autônomas em relação ao Estado, mas cujas atividades são de interesse privado.
   e) de instituições de direito público, sem fins lucrativos, autônomas em relação ao Estado, mas cujas atividades são de interesse privado.

✦ ✦ ✦

Para concluir...

A gestão pública de serviços sociais tem uma história de atendimento a demandas e carências da população que, apesar das diferentes manifestações ao longo do tempo, tem como causa comum primordial as desigualdades produzidas nas relações sociopolíticas, econômicas e culturais.

Quando se processa no âmbito das ações públicas, tal atendimento social está inscrito nas relações e instituições estabelecidas para assegurar direitos, acompanhando, portanto, a história das conquistas e dos retrocessos nesse campo. Entre essas instituições que condicionam relações sociais, destaca-se a legislação social norteadora de políticas, programas, projetos e dos próprios serviços sociais. Aliás, a implementação por parte do Estado do conjunto das ações sociais pode ocorrer com a participação da sociedade civil, cujos atores sociais envolvidos apresentam valores e concepções ideológicas e políticas sobre direitos e solidariedade que tensionam e moldam o processo de gestão.

Portanto, os elementos que compõem a gestão pública de serviços sociais são:

- as demandas e as respectivas situações socioeconômicas e culturais geradoras;
- as ações sociais públicas, com destaque para políticas e projetos provedores de serviços sociais;
- os direitos;
- a participação social de sujeitos sociais em interação caracterizada por consensos e conflitos.

O arranjo dinâmico desse conjunto de elementos, nos diversos períodos históricos e nas diferentes sociedades, é o que confere significado à gestão social.

Uma noção simplista sobre gestão pública de serviços sociais lhe restringe ao aspecto técnico da implementação de programas e projetos sociais, atribuindo seu sentido com base na competência de planejar, decidir, organizar e controlar recursos, metas, objetivos e ações. Uma concepção menos inclinada aos procedimentos metodológicos destaca a dimensão política da gestão, atribuindo seu significado à inserção nas dinâmicas e nos embates sociais por aquisições sociais e direitos. Uma concepção ideológica dilata o potencial transformador das políticas e dos projetos sociais com relação às injustiças sociais.

O significado social da gestão pública de serviços sociais circula em todas essas noções e as faz interagir, pois a competência técnico-operativa engloba a dimensão política e ideológica em todo o processo de gestão, tanto no diagnóstico da realidade e nas escolhas das estratégias de intervenção quanto na modalidade de gestão empreendida. Isso tem desdobramentos no grau e na qualidade das mudanças, bem como no impacto que os serviços sociais podem provocar sobre a questão social manifesta em carecimentos e injustiças.

Portanto, gestão pública de serviços sociais significa, ao mesmo tempo e num mesmo movimento de planejamento e ação:

- gestão de direitos;
- gestão de políticas, programas e projetos, serviços sociais;
- gestão de demandas e carecimentos sociais/expressões da questão social;
- gestão de projetos societários.

Em todos os capítulos deste livro está presente a convicção partilhada com Carvalho (1999, p. 28) de que a gestão social "tem um compromisso, com a sociedade e com os cidadãos, de assegurar por meio das políticas e programas públicos o acesso efetivo aos bens, serviços e riquezas societárias".

Assim, o objetivo anunciado no início da obra norteou toda a sua elaboração: tornar claro o lugar dos serviços sociais para a efetividade dos direitos e, também, a importância da gestão eficiente e comprometida socialmente.

Contudo, a expectativa maior é contribuir para a formação de profissionais e cidadãos politicamente solidários às pessoas e aos grupos sociais cujas vidas são traçadas, em grande parte, nos trajetos em busca de atendimento de suas necessidades por meio dos serviços sociais.

Se essa expectativa será cumprida, somente você poderá avaliar no decorrer de sua própria trajetória. Um bom caminho!

Referências

ALVAREZ, S.; DAGNINO, E.; ESCOBAR, A. (Org.). *Cultura e política nos movimentos sociais latino-americanos*: novas leituras. Belo Horizonte: Ed. da UFMG, 2000.

ARBIX, G. A queda recente da desigualdade no Brasil. *Nueva Sociedad*, Buenos Aires, p. 132-139, out. 2007.

ARMANI, D. *Como elaborar projetos*: guia prático para elaboração e gestão de projetos sociais. Porto Alegre: Tomo Editorial, 2000.

ARRETCHE, M. *Estado federativo e políticas sociais*: determinantes da descentralização. Rio de Janeiro: Fapesp; Revan, 2003.

AVANÇA BRASIL. *Programa de Atenção à Criança*. Disponível em: <http://www.abrasil.gov.br/nivel3/index.asp?id=58&cod=BUSCA>. Acesso em: 28 maio 2011.

AVRITZER, L. O orçamento participativo: as experiências de Belo Horizonte e Porto Alegre. In: DAGNINO, E. (Org.). *Sociedade civil e espaços públicos no Brasil*. São Paulo: Paz e Terra, 2002. p. 17-45.

BAPTISTA, M. V. *Planejamento social*: intencionalidade e instrumentação. São Paulo: Veras, 2003.

BARREIRA, M. C. R. N. *Avaliação participativa de programas sociais*. São Paulo: Veras; Lisboa: CPIHTS, 2000.

BEHRING, E. R.; BOSCHETTI, I. *Política social*: fundamentos e história. 3. ed. São Paulo: Cortez, 2007. (Biblioteca Básica do Serviço Social, v. 2).

BENEVIDES, M. V. de M. *A cidadania ativa*: referendo, plebiscito e iniciativa popular. 3. ed. São Paulo: Ática, 1998.

BOBBIO, N. *A era dos direitos*. Rio de Janeiro: Campus, 2004.

BONETTI, L. W. Estado e exclusão social hoje. In: ZARTH, P. A. et al. *Os caminhos da exclusão social*. Ijuí: Ed. da Unijuí, 1998. p. 9-44. (Coleção Ciências Sociais).

BRASIL. Constituição da República Federativa do Brasil (1988). *Diário Oficial da União*, Brasília, DF, 5 out. 1998. Disponível em: <http://www.planalto.gov.br/ccivil_03/constituicao/constitui%C3%A7ao.htm>. Acesso em: 6 jun. 2011.

_____. Lei n. 8.069, de 13 de julho de 1990. *Diário Oficial União*, Poder Legislativo, Brasília, DF, 27 set. 1990a. Disponível em: <http://www.planalto.gov.br/ccivil/LEIS/L8069.htm>. Acesso em: 6 jun. 2011.

_____. Lei n. 8.080, de 19 de setembro de 1990. *Diário Oficial da União*, Poder Legislativo, Brasília, DF, 20 set. 1990b. Disponível em: <http://www.planalto.gov.br/ccivil/LEIS/L8080.htm>. Acesso em: 6 jun. 2011.

_____. Lei n. 8.213, de 24 de julho de 1991. *Diário Oficial da União*, Poder Executivo, Brasília, DF, 25 jul. 1991. Disponível em: <http://www.planalto.gov.br/ccivil_03/Leis/L8213cons.htm>. Acesso em: 26 maio 2011.

_____. Lei n. 8.742, de 7 de dezembro de 1993. *Diário Oficial da União*, Poder Legislativo, Brasília, DF, 8 dez. 1993. Disponível em: <http://www.planalto.gov.br/CCIVIL_03/LEIS/L8742.htm>. Acesso em: 6 jun. 2011.

_____. Lei n. 9.394, de 20 de dezembro de 1996. *Diário Oficial da União*, Poder Legislativo, Brasília, DF, 23 dez. 1996. Disponível em: <http://www.planalto.gov.br/CCIVIL/leis/L9394.htm>. Acesso em: 6 jun. 2011.

_____. Lei n. 10.741, de 1º de outubro de 2003. *Diário Oficial da União*, Poder Legislativo, Brasília, DF, 3 out. 2003. Disponível em: <http://www.planalto.gov.br/CCIVIL/LEIS/2003/L10.741.htm>. Acesso em: 6 jun. 2011.

BRASIL. Lei n. 11.124, de 16 de junho de 2005. *Diário Oficial da União*, Poder Legislativo, Brasília, DF, 17 jun. 2005a. Disponível em: <http://www.planalto.gov.br/ccivil_03/_ato2004-2006/2005/lei/l11124.htm>. Acesso em: 26 maio 2011.

_____. Lei n. 11.346, de 15 de setembro de 2006. *Diário Oficial da União*, Poder Legislativo, Brasília, DF, 18 set. 2006. Disponível em: <http://www.planalto.gov.br/ccivil_03/_ato2004-2006/2006/Lei/L11346.htm>. Acesso em: 27 maio 2011.

BRASIL. Ministério da Saúde. *Saúde do idoso*. Disponível em: <http://portal.saude.gov.br/portal/saude/area.cfm?id_area=153>. Acesso em: 30 maio 2011a.

BRASIL. Ministério do Desenvolvimento Agrário. Instituto Nacional de Colonização e Reforma Agrária. *O Brasil desconcentrando terras*: índice de Gini. 2001. Disponível em: <http://www.incra.gov.br/portal/index.php?option=com_docman&task=doc_details&gid=316&Itemid=140>. Acesso em: 27 maio 2011.

BRASIL. Ministério do Desenvolvimento Social e Combate à Fome. Disponível em: <http://www.mds.gov.br/>. Acesso em: 27 maio 2011b.

_____. *Benefício de Prestação Continuada*. Disponível em: <http://www.mds.gov.br/assistenciasocial/beneficiosassistenciais/bpc>. Acesso em: 27 maio 2011c.

_____. *Bolsa Família*. Disponível em: <http://www.mds.gov.br/bolsafamilia>. Acesso em: 27 maio 2011d.

_____. *Centro de Referência de Assistência Social*. Disponível em: <http://mds.gov.br/assistenciasocial/protecaobasica/cras>. Acesso em: 27 maio 2011e.

_____. *Programa de Erradicação do Trabalho Infantil (Peti)*. Disponível em: <http://www.mds.gov.br/assistenciasocial/peti>. Acesso em: 27 maio 2011f.

BRASIL. Ministério do Desenvolvimento Social e Combate à Fome. Serviço de Proteção e Atendimento Integral à Família (Paif). Disponível em: <http://www.mds.gov.br/assistenciasocial/protecaobasica/servicos/protecao-e-atendimento-integral-a-familia-paif>. Acesso em: 12 ago. 2011g.

_____. *Projeto Agente Jovem*. Disponível em: <http://www.mds.gov.br/programabolsafamilia/cadastro_unico/projeto-agente-jovem/>. Acesso em: 28 maio 2011h.

BRASIL. Ministério do Trabalho. *Programa de Geração de Emprego, Trabalho e Renda*. Disponível em: <http://www.mte.gov.br/proger/default_proger.asp>. Acesso em: 28 maio 2011i.

_____. *Programa Economia Solidária em Desenvolvimento*. Disponível em: <http://www.mte.gov.br/ecosolidaria/prog_default.asp>. Acesso em: 28 maio 2011j.

BRASIL. Secretaria Especial de Políticas para as Mulheres. *Textos e roteiros de discussão para as Conferências Estaduais de Políticas paras mulheres*. Brasília: Secretaria Especial de Políticas para as Mulheres, 2007. Disponível em: <http://200.130.7.5/spmu/docs/doc_base_iicnpm.pdf>. Acesso em: 1º jun. 2011.

BRASIL. Secretaria Nacional de Assistência Social. *Política Nacional de Assistência Social – PNAS/2004*: Norma Operacional Básica – NOB/Suas. 2005b. Disponível em: <http://www.mds.gov.br/assistenciasocial/arquivo/Politica%20Nacional%20de%20Assistencia%20Social%202013%20PNAS%202004%20e%202013%20NOBSUAS--sem%20marca.pdf>. Acesso em: 27 maio 2011.

BUCCI, M. P. D. *Direito administrativo e políticas públicas*. São Paulo: Saraiva, 2002.

BUSSINGER, V. V. Fundamentos dos direitos humanos. *Serviço Social e Sociedade*, São Paulo, n. 53, p. 9-45, mar. 1997.

CAMPOS, A. et al. (Org.). *Atlas da exclusão social no Brasil*. São Paulo: Cortez, 2003. v. 2.

CARVALHO, J. M. de. *Cidadania no Brasil*: o longo caminho. 3. ed. Rio de Janeiro: Civilização Brasileira, 2002.

CARVALHO, M. do C. B. Gestão social: alguns apontamentos para o debate. In: RAICHELIS, R.; RICO, E. M. *Gestão social*: uma questão em debate. São Paulo: Educ, 1999. p. 19-29.

CASTEL, R. *As metamorfoses da questão social*: uma crônica do salário. 5. ed. Petrópolis: Vozes, 2005

COLIN, D. R.; SILVEIRA, J. I. Serviços socioassistenciais: referências preliminares na implantação do Suas. In: BATTINI, O. (Org.) *Suas*: Sistema Único de Assistência Social em debate. São Paulo: Veras; Curitiba: Cipec, 2007.

CNAS – Conselho Nacional de Assistência Social. *Missão e desafio*. Disponível em: <http://www.mds.gov.br/cnas/quem-somos/missao-visao-valor-e-principios>. Acesso em: 31 maio 2011.

DELAZARI, L. S.; KAUCHAKJE, S.; PENNA NETTO, M. C. de O. Sistema de informação para gestão das políticas públicas no Estado do Paraná. In: COLÓQUIO BRASILEIRO DE CIÊNCIAS GEODÉSICAS – CBCG, 4., Curitiba, 2005. *Anais...* Curitiba: UFPR, 2005. p. 15-28.

DRAIBE, S. Welfare State no Brasil: características e perspectivas. *Caderno de Pesquisa do Núcleo de Estudos de Políticas Públicas – Neep*, Campinas, n. 8, 1993. Disponível em: <http://www.nepp.unicamp.br/d.php?f=82>. Acesso em: 6 jun. 2011.

DUARTE, F.; FREY, K.; KAUCHAKJE, S.; PENNA NETTO, M. C. de O. Redes sociotécnicas y participación ciudadana: propuestas conceptuales y analíticas para el uso de las TICs. *Revista Hispana para el Analisis de Redes Sociales – Redes*, Espanha, v. 11, p. 1-26, dez. 2006. Disponível em: <http://revista-redes.rediris.es>. Acesso em: 30 jan. 2007.

FERNANDES, R. C. *Privado, porém público*: o Terceiro Setor na América Latina. Rio de Janeiro: Relumé Dumará, 1994.

FLEURY-TEIXEIRA, P. et al. Autonomia como categoria central no conceito de promoção de saúde. *Ciência & Saúde Coletiva*, Rio de Janeiro, v. 13, supl. 2, p. 2.115-2.122, 2008.

FREY, K. Crise do Estado e estilos de gestão municipal. *Lua Nova*, São Paulo, v. 37, p. 107-138, 1996.

GOHN, M. da G. *Conselhos gestores e participação sociopolítica*. São Paulo: Cortez, 2001. (Coleção Questões da Nossa Época, v. 84).

_____. *O protagonismo da sociedade civil*: movimentos sociais, ONGs e redes solidárias. São Paulo: Cortez, 2005.

HOUAISS, A.; VILLAR, M. de S.; FRANCO, F. M. de M. *Dicionário Houaiss da língua portuguesa*. Rio de Janeiro: Objetiva, 2009.

HUGO, V. *Os miseráveis*. São Paulo: Cosac Naify, 2009.

IAMAMOTO, M. V. A questão social no capitalismo. *Temporalis*, Rio de Janeiro, ano 2, n. 3, p. 9-32, jan./jul. 2001a.

_____. *Serviço social na contemporaneidade*: trabalho e formação profissional. 5. ed. São Paulo: Cortez, 2001b.

IEE/PUC-SP – Instituto de Estudos Especiais da PUC-SP. *Relatório sobre rede social*. São Paulo, 2001. Apostila digitada (xerox).

IPEA – Instituto de Pesquisa Econômica Aplicada. *O Documento (MT)*: novo índice aponta menos pobres no Brasil do que o governo. 2010. Disponível em: <http://www.ipea.gov.br/portal/index.php?option=com_content&view=article&id=166>. Acesso em: 30 maio 2011.

JANNUZZI, P. de M. Indicadores para diagnóstico, monitoramento e avaliação de programas sociais no Brasil. *Revista do Serviço Público*, Brasília, v. 56, n. 2, p. 137-160, abr./jun. 2005.

_____. *Indicadores sociais no Brasil*: conceitos, fontes de dados e aplicações. 3. ed. Campinas: Alínea, 2006.

KAUCHAKJE, S. Alternativas para recompor os laços sociais e a civilidade nas relações societárias no Brasil. In: BALSA, C. (Org.). *Confiança e laço social*. Lisboa: Colibri, 2006. p. 145-158.

_____. Cidadania e participação social: inclusão social no campo dos direitos, a igualdade e a diferença. In: CORTES, A. de; COSTA, L.; SOUSA, M. A. de. *Sociedade e cidadania*: desafios para o século XXI. Ponta Grossa: Ed. da UEPG, 2005. p. 55-69.

_____. Gestão e controle de políticas públicas: participação social no Brasil contemporâneo. *Revista Humanas*, Porto Alegre, v. 26-27, p. 231-249, 2004-2005.

_____. Identidade e inclusão como construções sociais. *Cadernos de Serviço Social*, Campinas, n. 18-19, p. 85-94, 2001.

_____. *Movimentos sociais na academia*: um olhar sobre as teses e dissertações produzidas na Unicamp e USP entre 1970-1995. Tese (Doutorado em Educação) – Faculdade de Educação, Unicamp, Campinas, 1997.

_____. Riscos e possibilidades sociais da demanda pelo direito à diferença apresentada pelos novos movimentos sociais. *Publicatio UEPG*, Ponta Grossa, v. 8, n. 1, p. 7-17, 2000. Disponível em: <http://www.revistas2.uepg.br/index.php/humanas/article/viewFile/7/4>. Acesso em: 8 abr. 2011.

_____. Solidariedade e expressão jurídica: valores políticos de vereadores sobre direitos sociais. In: ENCONTRO DA ASSOCIAÇÃO BRASILEIRA DE CIÊNCIA POLÍTICA, 7., 2010, Recife. *Trabalhos selecionados*. Disponível em: <http://cienciapolitica.servicos.ws/abcp2010/arquivos/13_7_2010_0_6_43.pdf>. Acesso em: 12 abr. 2011.

_____. Solidariedade política e constituição de sujeitos: a atualidade dos movimentos sociais. *Sociedade e Estado*, v. 23, p. 667-696, dez. 2008.

LOJKINE, J. *O Estado capitalista e a questão urbana*. São Paulo: M. Fontes, 1997.

MARICATO, E. *Brasil, cidades*: alternativas para a crise urbana. 2. ed. Petrópolis: Vozes, 2002.

MARSHALL, T. H. *Cidadania, classe social e status*. Rio de Janeiro: Zahar, 1967.

MARX, K. *O capital*. São Paulo: Abril Cultural, 1983.

NERI, M. C. Pobreza e políticas sociais na década da redução da desigualdade. *Nueva Sociedad*, Buenos Aires, n. 3, p. 53-75, out. 2007.

NOGUEIRA, M. A. Um Estado para a sociedade civil. In: RAICHELIS, R.; RICO, E. M. *Gestão social*: uma questão em debate. São Paulo: Educ; IEE, 1999. p. 69-90.

PANNUNZIO, E. Estado, Terceiro Setor e regulação de parcerias. 2008. Disponível em: <http://www.defender.org.br/estado-terceiro-setor-e-regulacao-de-parcerias>. Acesso: 6 jun. 2011.

PARANÁ. Secretaria de Estado do Desenvolvimento Urbano. *PDU*: Política de Desenvolvimento Urbano e Regional para o Estado do Paraná. Curitiba: Sedu, 2003.

PARENTE, A. (Org.). *Tramas da rede*. Porto Alegre: Sulina, 2004.

PEREIRA, P. A. *Necessidades humanas*. São Paulo: Cortez, 2000.

POCHMANN, M. *Desenvolvimento, trabalho e solidariedade*: novos caminhos para a inclusão social. São Paulo: Cortez, 2002.

POCHMANN, M. et al. (Org.). *Atlas da exclusão social no Brasil*. São Paulo: Cortez, 2004. v. 3.

RAICHELIS, R. *Esfera pública e conselhos de assistência social*: caminhos da construção democrática. São Paulo: Cortez, 1998.

RAICHELIS, R.; RICO, E. de M. *Gestão social*: uma questão em debate. São Paulo: Cortez, 1999.

RAICHELIS, R.; WANDERLEY, L. E. W. Desafios de uma gestão pública democrática na integração regional. *Serviço Social e Sociedade*, São Paulo, v. 78, p. 5-32, 2004.

REBELO, M. *Horta comunitária melhora vida de beneficiários do Bolsa Família em Itapeva (SP)*. 2007. Disponível em: <http://www.mds.gov.br/noticias/horta-comunitaria-provoca-mudancas-positivas-nos-habitos-alimentares-de-beneficiarios-do-bolsa-familia-em-itapeva-sp/view>. Acesso em: 27 maio 2011.

ROLNIK, R. É possível uma política urbana contra a exclusão? *Serviço Social e Sociedade*, São Paulo, v. 72, p. 53-61, 2002.

SANTOS, J. V. T. dos. Novas questões sociais mundiais, projetos sociais e culturais e a planificação emancipatória. *Humanas*, Porto Alegre, v. 24, p. 163-185, 2001.

SCHERER-WARREN, I. *Cidadania sem fronteiras*: ações coletivas na era da globalização. São Paulo: Hucitec, 1999.

_____. Das mobilizações às redes de movimentos sociais. *Sociedade e Estado*, Brasília, v. 21, n. 1, abr. 2006.

SILVA, M. A. F. da. *Gerenciamento de projetos*: elaboração e análise. Curitiba: Ibpex, 2004.

SILVA e SILVA, M. O. (Org.). *Avaliação de políticas e programas sociais*: teoria e prática. São Paulo: Veras, 2001.

SIMÕES, C. *Curso de direito do serviço social*. São Paulo: Cortez, 2007. (Coleção Biblioteca Básica do Serviço Social, v. 3).

SOUZA, C. Governos locais e gestão de políticas sociais universais. *São Paulo em perspectiva*, São Paulo, v. 18, n. 2, p. 27-41, abr./jun. 2004. Disponível em: <http://www.scielo.br/pdf/spp/v18n2/a04v18n2.pdf>. Acesso em: 13 abr. 2011.

SPOSATI, A. Assistência social: de ação individual a direito social. *Revista Brasileira de Direito Constitucional – RBDC*, n. 10, p. 435-458, jul./dez. 2007. Disponível em: <http://www.esdc.com.br/RBDC/RBDC-10/RBDC-10-435-Aldaiza_Sposati.pdf>. Acesso em: 8 abr. 2011.

TATAGIBA, L. Os conselhos gestores e a democratização fazem políticas públicas no Brasil. In: DAGNINO, E. (Org.). *Sociedade civil e espaços públicos no Brasil*. São Paulo: Paz e Terra, 2002. p. 47-103.

TELLES, V. da S. *Direitos sociais*: afinal do que se trata? Belo Horizonte: Ed. da UFMG, 1999.

YAZBEK, M. C. Pobreza e exclusão social: expressões da questão social no Brasil. *Temporalis*, Brasília, n. 3, p. 33-40, jan./jul. 2001.

Respostas

Capítulo 1

Questões para revisão

1. No campo da gestão social, as políticas públicas, os programas, os projetos e os serviços sociais são considerados por Maria do Carmo Brant de Carvalho (1999) canais e resposta às demandas e necessidades da população.
2. Pelo fato de a gestão social ser a gestão de ações sociais públicas para o atendimento de cidadãos, isto é, de sujeitos de direitos sociais, tais como à saúde, à educação, à assistência social, à segurança alimentar e nutricional, à moradia e aos direitos ligados ao trabalho.
3. e
4. c
5. a

Capítulo 2

Questões para revisão

1. Não. Existem serviços sociais destinados a toda a população (como os de saúde, por exemplo) e outros destinados a grupos sociais específicos, condicionados por vários fatores: condições socioeconômicas (pobreza, por exemplo); ciclo de vida (tais como os idosos, as crianças e os adolescentes); recortes culturais, necessidades específicas, sexo e gênero (negros, populações indígenas, pessoas com deficiência, mulheres, por exemplo), ou por uma associação dessas condições.
2. Os serviços sociais destinados à população como um todo são denominados *universais* (ou caracterizados pela universalidade) e os que atendem exclusivamente a grupos sociais específicos são chamados de *focalizados* (ou caracterizados pela priorização de condições sociais específicas).
3. d
4. a
5. b

Capítulo 3

Questões para revisão

1. O estudo e a atuação no campo da gestão social consideram o conjunto das ações sociais públicas um grupo formado por políticas públicas, programas, projetos e serviços sociais articulados.

2. Informações e indicadores sociais são importantes por contribuírem para medidas de eficiência, eficácia e efetividade no processo da gestão social. Os indicadores são imprescindíveis para a análise de situações sociais e para o planejamento de políticas, programas, projetos e serviços sociais, assim como para a execução, o monitoramento e a avaliação dessas ações sociais públicas.

3. e
4. b
5. c

Capítulo 4

Questões para revisão

1. Por duas razões principais: a) porque a legislação social e as políticas públicas que garantem os direitos sociais dos cidadãos são de competência do Estado e b) porque mesmo quando organizações da sociedade civil (como ONGs) realizam ações sociais públicas, estas estão sendo reguladas e orientadas pela legislação e pelas políticas públicas, estando sujeitas ao acompanhamento e a fiscalização do Estado. Dessa forma, é na esfera pública (estatal ou não) que estão inscritos e reconhecidos os direitos de cidadania. Fora dessa esfera, as ações sociais podem ser vistas como caridade ou ajuda.

2. No campo da gestão social, os tipos principais são a solidariedade beneficente (religiosa ou laica) e a solidariedade política, sendo que esta última se caracteriza principalmente pelo reconhecimento de direitos.

3. a
4. e
5. d

Capítulo 5

Questões para revisão

1. Políticas públicas envolvem atores, meios e recursos do Estado e do setor privado. Para Bucci (2002, p. 241), políticas públicas são formas de planejamento governamental que visam coordenar os meios e recursos à disposição do Estado, e também do setor privado e suas atividades, para a realização de objetivos e ações consideradas social e politicamente relevantes.
2. O ciclo das políticas públicas inicia-se com as demandas e a inclusão de temas na agenda pública. Esses temas passam pelo planejamento, pela implementação e avaliação destes (que pode abrir um novo ciclo).
3. b
4. c
5. b

Capítulo 6

Questões para revisão

1. *Participação social* significa tanto a participação na direção da sociedade e na gestão pública quanto construir, ter acesso e usufruir da riqueza cultural, material e dos recursos da sociedade. Mas a expressão *participação social* está comumente ligada à organização da sociedade civil, como movimentos sociais, fóruns, conselhos e ONGs.
2. Os tipos de ONGs são: a) movimentalista; b) filantrópica (laica ou confessional) e c) empresarial. Cada um desses tipos de ONGs pode ser classificado como: a) de prestação de serviços e b) de assessoria. Portanto, poderá haver uma ONG filantrópica laica de prestação de serviços, por exemplo.
3. c
4. a
5. e

Capítulo 7

Questões para revisão

1. As modalidades de gestão social estudadas foram: particularista-patrimonial, técnico-burocrática, gerencial, participativa-societal e em rede. Os processos e procedimentos democráticos são próprios da modalidade societal-participativa, mas também existem expedientes democráticos na burocracia, na gestão gerencial e, mais amplamente, na gestão em rede.
2. A modalidade de gestão particularista-patrimonial.
3. c
4. b
5. d

Capítulo 8

Questões para revisão

1. O planejamento social tem uma dimensão política pelo fato de envolver poder e tomada de decisões relacionadas às ações públicas num contexto social.
2. Planejamento social requer domínio teórico sobre legislação, políticas públicas e realidade social. A dimensão técnica fica evidente quando observamos que é exigido um conhecimento especializado sobre métodos e técnicas para o planejamento (e, consequentemente, a elaboração, a execução e a avaliação) de políticas, programas e projetos e serviços sociais.
3. d
4. a
5. d

Capítulo 9

Questões para revisão

1. São organizações do Estado, empresas socialmente responsáveis e organizações não governamentais (ONGs).

2. As organizações do Estado são do Primeiro Setor; as empresas com responsabilidade social são do Segundo Setor e as ONGs compõem o Terceiro Setor.

3. a

4. e

5. c

Sobre a autora

SAMIRA KAUCHAKJE é pós-doutora na área de Planejamento Urbano e Regional pela Universidade Federal do Rio de Janeiro (UFRJ), doutora e mestre em Educação pela Universidade Estadual de Campinas (Unicamp), graduada em Serviço Social pela Pontifícia Universidade Católica de Campinas (PUC-Campinas) e em Ciências Sociais pela Universidade Federal do Paraná (UFPR). Atualmente, é professora da Pontifícia Universidade Católica do Paraná (PUC-PR), instituição em que coordena o grupo de pesquisa Sociedade, Política e Cultura. Tem publicações e pesquisas nas áreas de direitos sociais, cultura política, participação e redes sociais.

✦ ✦ ✦

Impressão: BSSCARD
Fevereiro/2013